U0636892

本书受到
云南省哲学社会科学学术著作出版专项经费资助
云南师范大学中国西南对外开放与边疆安全研究中心资助
本研究成果获得云南省级支持应用经济学重点学科建设资助

青年学术丛书·经济

YOUTH ACADEMIC SERIES-ECONOMY

中印经济发展方式比较

薛勇军 著

人民出版社

导　言

中国自1978年改革开放以来，经济一直保持着持续快速增长的势头。印度自1991年实行改革以来，经济也得到较快增长。中国和印度取得的举世瞩目的经济成就，引起了人们的广泛关注和研讨。中国和印度的经济增长的源泉何在？其增长是否具有可持续性？中国和印度的经济发展方式有哪些共性和特殊性？印度的经济发展方式对中国具有哪些可借鉴之处？本书通过对中国和印度经济的比较研究，对这些问题展开了理论上的探讨。

薛勇军同志的这本《中国与印度经济发展方式比较——基于SRA、SFA和DEA模型的研究》，是在他的博士论文《中国、印度、俄罗斯和巴西经济增长方式比较研究》的基础上，经过大量修改整理及进一步的研究分析而写成的，其博士论文在评阅时受到有关专家的较高评价。本书运用索罗余值核算方法（SRA）、随机前沿生产函数分析方法（SFA）和基于DEA模型的Malmquist指数分解方法，对中国和印度的经济增长源泉进行分析，并且运用面板数据作出回归分析，使用混合模型和个体固定效应模型，研究要素投入对中国和印度经济增长的影响，同时对中国和印度经济发展中的投入—产出关系、生态环境、资源消耗、贫富差距、产业结构以及政府竞争力等进行分析，并且对中国和印度经济发展方式的特点和经济持续增长的制约因素作出分析研究。通过比较研究，力图找出中国和印度经济发展方式各自的特点和优缺点。在此基础上，作者对转变我国经济发展方式提出了自己的一些有益的见解。当然，本书也存在一些不足之处，例如，由于SRA、SFA和DEA研究方法的限制，本书对中国和印度经济增长源泉的分析还存在着一定的局限性；由于经济发展涉及相当广泛的领域，本书难以对其丰富的内容全面加以研究。因此，希望有更多的研究成果问世，对经济发展方面的问题作出更深入的探讨。

张荐华

2011年12月于云南大学

目　录

CONTENTS

摘　要

中国和印度是世界上地大物博、人口众多、资源丰富并且具有发展潜力的大国，与俄罗斯、巴西和南非一起被称为“金砖国家”。近年来，中国和印度经济呈现出持续、快速和稳定增长，被称为“世界经济奇迹”。因此，研究和比较中印两国经济发展方式，借鉴印度的经验教训，对于我国经济发展方式的转变以及实现我国经济的可持续发展都具有重要的理论意义和现实意义。

本书运用索罗余值核算方法（SRA）、随机前沿生产函数分析方法（SFA）和基于DEA模型的Malmquist指数分解方法，对中国和印度的经济增长源泉进行分解，并且运用面板数据作出回归分析，从混合模型和个体固定效应模型两个角度研究要素投入对中国和印度经济增长的影响，同时对中国和印度投入—产出关系、环境污染和资源消耗、贫富差距、产业结构以及政府竞争力进行分析，并且对中国和印度经济发展方式的特点和经济持续增长的制约因素进行分析，在此基础上得出中国和印度经济发展方式相互借鉴之处以及转变我国经济发展方式的对策措施。

研究的结果表明，SRA、SFA和DEA三种方法测算结果总体上是一致的，中国经济发展方式属于粗放型，印度经济发展方式偏于集约型；中国和印度的经济发展方式具有各自的特点，经济持续增长的制约因素也有所不同；印度的经济发展方式值得中国借鉴，中国的经济发展方式对印度也具有重要的借鉴之处;在比较研究的基础上,提出转变我国经济发展方式的对策建议。

关键词: 经济发展方式　全要素生产率　技术进步　技术效率

Abstract

China and India are large countries with vast territory, large population, rich resources and potential development, together with Russia and Brazil are called "BRICs". In recent years, China and India's economics has been shown sustainable, rapid and stable growth, is known as "world economic miracle". Therefore, study and compare China and India's economics growth pattern, draw lessons from India's experience has important theoretical and practical significance for changing China's existing economic development pattern to achieve the task of sustainable economic growth.

This book decompose China and India's economic growth source by using Solow residual accounting (SRA), stochastic frontier production function analysis (SFA) and DEA - based Malmquist index; Study the influence of various inputs to China and India's economic growth from the prospect of mixed model and individual fixed effect model by using panel date method; At the same time analyze and compare the input and output relationship, resource consumption and environment pollution of China and India, the gap between rich and poor, industry structrue as well as government compatitive.. This book also analyzes the characteristics of China and India's economoics development pattern and constraints of achieving sustainable economics growth. Based on these, we draw empirical and lessons for China and India's economics development pattern from each other, and the countermeasures of transforming our country's economics development pattern.

The study show that the overall result of measurement are consist by using SRA,SFA and DEA, China economic development pattern are extensive, India economic development pattern is tend to intensive. The China and India's economic development patterns have their own characteristics,and the constrains of economic sustainabe growth are different. There are some important enlightments and lessons of India's economic development pattern to China, and there are also some important enlightments and lessons of China's economic development pattern to India; Based on this, this book proposes some countermeasures on how to transform China's economic development pattern.

KeyWords: Economic Development Pattern; Total Factor Productivity; Technological progress ; Technical efficiency;

第一章　导　论

中国和印度的国情十分相似，都是历史悠久的东方文明古国，都地处亚洲并且毗邻，都存在着资源丰富、开发度较低等共性，并且都是“金砖国家”[①]，两国还是排在世界第一位和第二位的人口大国、农业大国和发展中大国。自1978年以来，中国经济的持续增长引起了国际上的高度关注，被誉为世界经济的奇迹，而近年来印度经济的增长势头也十分强劲。因此，中国与印度这种“龙象”般增长速度也引起学术界研究中国和印度经济发展方式的兴趣。通过比较研究中国和印度经济发展方式，可以找出印度经济发展方式对我国的借鉴之处，在此基础上探索转变我国经济发展方式的路径与对策。

---

① “金砖国家”起源于“金砖四国”一词，“金砖四国”是指巴西（Brazil）、俄罗斯（Russia）、印度（India）和中国（China），将它们的英文首字母组合起来为“BRICs”，“BRICs”与英文砖块相似，所以称巴西、俄罗斯、印度和中国为“金砖四国”。最早提出“金砖四国”这一概念的是高盛证券公司。2003年10月1日，高盛公司发表了一份题为“与BRICs一起梦想”的经济报告，在这份报告中，高盛公司估计，巴西经济总量将于2025年超越意大利，并于2031年超越法国；俄罗斯经济总量将于2027年超过英国，并于2028年超越德国。到2050年，世界经济格局将会剧烈洗牌，全球新的六大经济体将会变成中国、美国、印度、日本、巴西和俄罗斯。届时，现有的六大工业国美国、日本、德国、法国、英国和意大利将只剩下美国与日本。2010年12月28日，中国作为“金砖国家”合作机制轮值主席国，与俄罗斯、印度和巴西一致商定，吸收南非作为正式成员加入该合作机制。“金砖四国”改称“金砖国家”。

一、问题的提出和几个重要的概念

(一)问题的提出

中国和印度都是发展中国家,两国总体经济发展水平相近,又都是世界上国土面积大、人口众多、资源丰富和发展潜力巨大的大国,在世界经济中的重要性日益突出,已经成为当今世界最具发展活力的经济体,同时中国和印度也属于新兴市场(Emerged Markets)国家,新兴市场国家通常劳动力成本低,自然资源丰富,市场容量增长快。近些年来,中国与印度经济增长保持较快的速度,GDP 总量增加也比较快,对世界经济增长的贡献也在逐年加大。

按购买力平价法(purchasing power parities 简称 PPP)计算的 2005 年世界各国 GDP 排名,中国和印度排名都比较靠前,都位于前十名之列,其中中国排第二位,印度排第五位(参见图 1.1)。同时中国和印度按购买力平价法计算的 GDP 占世界 GDP 总量的比重也大大提高(参见图 1.2),从图 1.2 可以看出,按购买力平价法计算的中国 GDP 占世界 GDP 总量的比重已经接近 10%,印度则接近 5%。按购买力平价法计算的人均 GDP 方面,中国和印度人均 GDP 排名还比较靠后(参见图 1.3),从图 1.3 可以看出,按购买力平价法计算的中国和印度人均 GDP 离世界平均水平还有一定差距,但是,近年来相比起发达国家而言,中国和印度经济发展速度(参见图 1.4)比较快,如果按照目前的发展速度,中国和印度人均 GDP 赶超世界平均水平不仅完全可能,就是赶超发达国家水平也是有可能实现的。从图 1.4 可以看出,2006 - 2010 年中国和印度经济增长速度不仅大大快于法国、德国、日本、意大利、英国和美国等发达国家,也快于经济发展水平相近的俄罗斯和巴西。尤其是在 2008 年和 2009 年,美国、法国、德国、日本、意大利、英国、俄罗斯和巴西等国家经济为负增长的情况下,中国和印度经济仍然保持高速增长,中国和印度为世界经济实现复苏作出巨大的贡献。我们也可以看到,2006－2010年中国的经济增长速度也快于印度,中国是十个经济大国中经济增长速度最快的国家。较快的经济增长速度提升了中国和印度GDP的总量。因此,中国和印度创造了举世瞩目的经济成就,是继亚洲“四小龙”创造的“东亚奇迹”之后,中国和印度正在创造一个新的奇迹。中国和印度取得的经济成就也日益引起世人的关注。在以往的研究中,中印之间的经济增长方式比较一直是学者们关心的问题,学者们关心中印两国究竟哪个国家的经济增长方式更具有可持续性。但是自从2007年党的十七大召开以来,对经济发展方式的研究才成为我国学术界的主流,因此,我们拟对中国和印度经济发展方式作出比较研究。

我国自1978年改革开放以来,经历了长达30多年的经济高速增长,被称为“中国奇迹”,但是许多学者认为我国这种高速增长是依赖过多的物质资本等投入要素取得的,技术进步对我国经济增长的贡献并不是很大,并且在经济高速增长过程中还面临着一系列现实和潜在的问题,这种经济增长方式是否具有可持续性也引起越来越多国内外学者们的关注。著名经济学家保罗·克鲁格曼(Paul Krugman 1994)对中国和其他东亚国家(或者地区)经济增长的可持续性提出了质疑①,他指出,中国和东亚国家(或者地区)就如同20世纪50－60年代的苏联,这些国家(或者地区)经济虽然实现高速增长,

---

① 二战以后长达几十年时间,东亚一些国家和地区的经济相继持续高速增长,被世界银行称为“东亚奇迹”。很多学者对包括中国在内的东亚国家的经济增长奇迹进行了实证研究以及争论,学者们争论的焦点在于东亚国家的经济增长到底是源于技术进步,还是源于资本积累。琼·垦姆和刘易斯·刘(Jong－Ⅱ. Kim 和 Lawrence J. Lau 1994)以及阿温·杨(Alwyn Young 1992 1994 and 1995)经过实证分析后发现,东亚四小龙的全要素生产率(TFP)并不高,甚至比南亚许多贫困国家(如缅甸)还要低,由此他们认为东亚经济的成长仅仅源于要素数量的积累,迟早会因为回报递减而陷入停滞。著名经济学家保罗·克鲁格曼(Paul Krugman 1994)据此认为,东亚的经济增长中没有技术进步的成分,是不可持续的。克鲁格曼的观点提出后马上在国际学术界引起一场争论,1997年东亚金融危机爆发后,许多人还认为是克鲁格曼对东亚经济增长方式的批判预见了后来的金融危机。

但是经济增长中要素投入所占比重偏高，而全要素生产率所占比重偏低。按照克鲁格曼的说法，中国和其他东亚国家（或者地区）的经济增长方式属于一种外延型、粗放型和不可持续型经济增长方式。其他一些学者（Jeffrey D. Sachs and Wing Thye. Woo，1997）也指出，中国改革时期的经济增长模式是与东亚经济增长模式相一致的，即经济发展起点低，以出口为导向，并且伴随着高比例的农业人口、高国内储蓄率和投资率，等等。

中国的经济增长是否具有可持续性？中国和印度的经济发展方式有哪些共性和特殊性？大国的经济增长是否具有某些规律性？我们拟借鉴国内外已有研究成果，对中国和印度经济发展方式进行研究和比较，重点比较中国和印度经济增长源泉、投入—产出关系、环境污染和资源消耗、贫富差距、产业结构以及政府竞争力。通过比较努力找出中国和印度经济发展方式的特点以及优缺点，努力找出中国和印度经济增长中带有规律性的东西，努力找出印度经济发展方式对我国的借鉴之处，在此基础上探索转变我国经济发展方式的路径与对策。

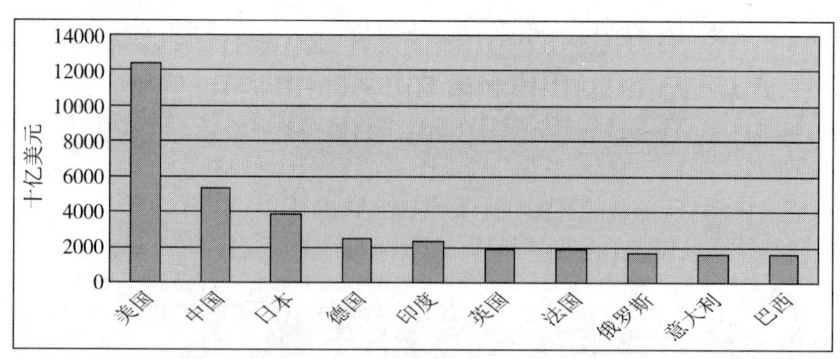

图 1.1　2005 年世界排名前十位经济大国 GDP 总量（按 PPP 计算）

（数据来源：世界银行国际比较项目官方站：http://www.worldbank.org/data/icp）

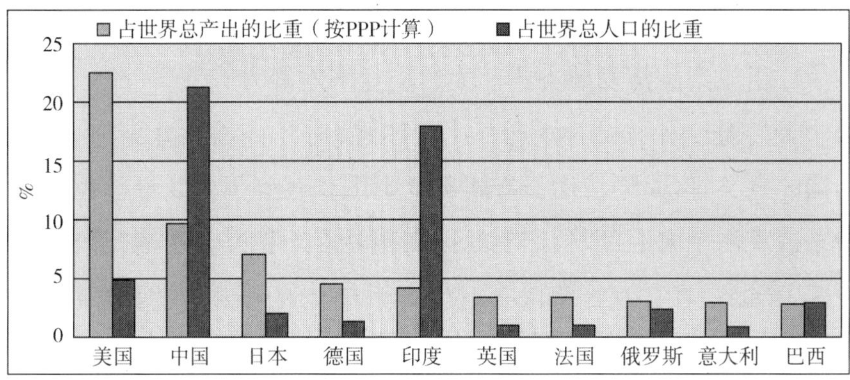

图 1.2　2005 年世界排名前十位经济大国 GDP 总量(按 PPP 计算)和人口占世界的比重

（数据来源：与表 1 相同。）

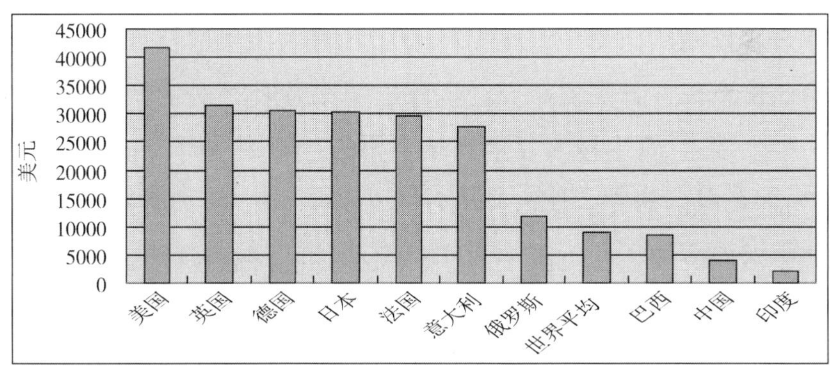

图 1.3　2005 年世界排名前十位经济大国人均 GDP(按 PPP 计算)与世界平均水平的比较

（数据来源：与表 1 相同。）

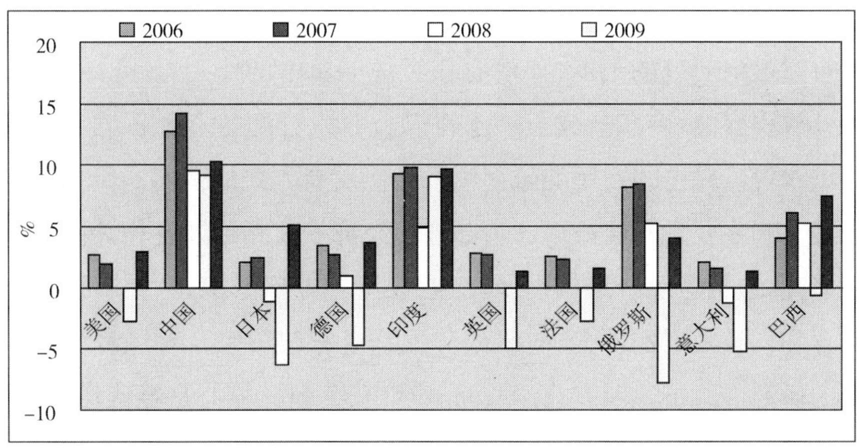

图 1.4　世界排名前十位经济大国 2006 - 2010 年经济增长率

（数据来源：与表 1 相同。）

(二)几个重要的概念

1. 粗放型经济发展方式和集约型经济发展方式

人们对经济增长的概念都比较熟悉,对经济增长并不需要一个明确的定义,但是经济增长方式概念则需要明确界定。经济增长,一般来说有两个来源,即生产率的提高和要素的积累。所谓"经济增长方式"指的是在实现经济增长时生产率的提高和要素的积累的贡献相对大小[①]。或者说经济增长可以分为由资本和劳动力等投入要素推动型和由技术进步推动型两种增长,若经济增长主要由资本和劳动力等投入要素推动则称之为粗放型增长方式,若经济增长主要由技术进步推动从而使生产率提高则称之为集约型增长方式。因此,研究经济增长方式主要研究经济增长源泉及其相对贡献,包括对劳动力投入要素、资本投入要素以及全要素生产率(total factor productivity)的贡献的研究。根据劳动力投入要素、资本投入要素和全要素生产率对经济增长的贡献率的相对大小,可以把经济增长方式分为劳动密集型经济增长方式、资本密集型经济增长方式和全要素生产率增进型经济增长方式。前两类是粗放型增长方式,后一类是集约型增长方式。

从更广阔的视角来看,所有影响要素投入和生产率提高的因素都可以进入研究的范围,如政府在经济增长中的作用、产业结构、对外开放程度、教育和科技发展水平以及收入分配与资源环境承载能力因素等。对这些问题的研究属于经济发展方式的范畴。研究经济发展方式主要是对经济增长基础上的经济发展路径及各相关因素进行研究,包括对经济结构的研究、对经济的外部平衡能力的研究、对教育和科技发展的研究、对收入分配制度和政策以及对经济管理体制的研究。经济发展方式涉及面虽然广泛,但其核心是经济增长,重

---

① 林毅夫、苏剑:《论我国经济增长方式的转换》,《管理世界》2007 年第 11 期。

点研究要素投入和全要素生产率在经济增长中的作用以及如何实现可持续增长问题。因此,根据经济增长方式的划分也可以将经济发展方式分为粗放型经济发展方式和集约型经济发展方式。

2. 全要素生产率

全要素生产率(Total Factor Productivity)又称为“索罗余值”,是由诺贝尔经济学奖获得者美国经济学家罗伯特·索罗(Robert M. Solow)于1957年提出的。索罗把经济增长中要素投入不能解释的部分归结为是由技术进步产生的,现在通常把这种“索罗余值”或者“索罗残差”称为全要素生产率。

全要素生产率一般的含义为资源(包括人力、物力和财力)开发利用的效率。可以说全要素生产率是一定时期内技术进步对经济发展作用的综合反映。全要素生产率是分析经济增长源泉的重要工具,也是政府制定经济长期可持续增长政策的重要依据。首先,估算全要素生产率有助于对经济增长源泉作出分析,即分析各种因素对经济增长的贡献,判断一个经济体经济增长是投入型增长还是效率型增长,也就是判断一个经济体经济发展方式是集约型还是粗放型,判断经济发展方式的可持续性。其次,估算全要素生产率是制定和评价长期经济可持续增长政策的基础。具体来说,通过全要素生产率增长对经济增长贡献率与要素投入对经济增长贡献率的比较,就可以对宏观经济政策在经济增长中的作用和效果作出评价。

3. 技术进步和技术效率

利用SFA模型和DEA模型分析需要将全要素生产率分解成技术进步和技术效率两个部分。

技术进步是指新知识创造、新技术发明在社会生产中得到推广运用,并产生物质财富增值,从而使社会经济效益提高的程度。它通常包括科学研究的新进展、新科技成果的推广应用和管理方法的改进等方面。在经济学理论中经常采用生产可能性曲线描述技术进步,生产可能性曲线是生产者在既定的技术水平和投入要素下最大产出的集合,即既定投入条件下的产出最大值或既定产出条件下的投入最小值的集合。技术进步表现为整个生产可能性向外移动。

经济学家 Farrell(1957) 从投入角度对技术效率给出一个定义。他认为,技术效率是指在生产技术和市场价格不变的条件下,按照既定的要素投入比例,生产一定量产品所需的最小成本与实际成本的百分比。Leibenstein(1966) 则从产出角度给出技术效率的定义。他认为,技术效率是指实际产出水平与在相同的投入规模、投入比例以及市场价格条件下所能达到的最大产出量的百分比。可以说,技术效率是用来衡量在现有的技术水平下,生产者获得最大产出（或者投入最小成本）的效率,可以用生产者的实际生产活动接近生产可能性曲线的程度来表示,也反映了现有技术的发挥程度和现有生产要素的利用程度。如果实际产出接近或者达到其最大值,则该技术效率较高,如果实际产出偏离其最大值,则生产者技术效率较低。也就是说,实际产出离生产可能性曲线越近,技术效率越高,反之,则越低。

二、研究意义、目的和创新

(一)研究意义

1. 研究的理论意义

(1)2003 年 10 月召开的中国共产党十六届三中全会提出了科学发展观,科学发展观成为我国当前统领经济社会发展全局的重要指导思想,落实科学发展观要求进一步转变经济发展方式,大力推进经济发展方式向集约型转变,具体来说,首先要以提高质量效益为中心;其次要以节约资源、保护环境为目标,加大实施可持续发展战略的力度,大力发展循环经济,在全社会提倡绿色生产方式和文明消费,形成有利于低投入、高产出、少排污、可循环的政策环境和发展机制,完善相应的法律法规,全面建设节约型社会;最后要以科技进步为支撑。

2007 年党的十七大报告明确提出要“促进国民经济又好又快发展”,并指出“实现未来经济发展目标,关键要在加快转变经济发展方式、完善社会主义市场经济体制方面取得重大进展”。经济发展方式的核心是经济增长方式,因此本书的研究对于促进我国经济增长方式实现“三个转变”,尤其是实现由主要依靠增加物质资源消耗向主要依靠科技进步、劳动者素质提高、管理创新转变具有一定的理论意义。

(2)索罗余值核算方法(SRA)、随机前沿生产函数分析(SFA)方法和基于 DEA 模型的 Malmquist 指数分解方法是测量一个或者多个经济体经济增长源泉的三种常用方法。但是到目前为止,还没有运用这三种方法对中国和印度经济增长源泉测量的文献。本书运用这三种方法测量中国和印度经济增长源泉,并且对这三种方法测量结果进行比较,找出差异之处,从而有利于这些方法对比研究。

2. 研究的实际意义

(1)近些年以来,中国和印度经济增长速度都比较快,人们在对中国和印度取得的经济奇迹感到惊讶的同时,也在思考中国和印度经济增长源泉是什么,中印两国经济发展方式是粗放型还是集约型等问题。本书则通过对中国和印度经济增长源泉进行分解,并且对中国和印度投入—产出关系、环境污染和资源消耗、贫富差距、产业结构以及政府竞争力等方面进行比较研究,从而进一步揭示中国和印度经济发展方式,因此具有重要的现实意义。

(2)在过去的三十多年里,中国经济一直保持其他国家很少见到的持续高速增长势头,不少人也认为中国走出了一条独特的经济发展模式,但是许多学者认为这种经济高速增长是依靠大量投入以及资源大量消耗而实现的,因此这种发展方式必须转变。而如何将我国的经济发展方式由粗放型向集约型转变是许多学者们关心的话题。本书通过比较中国和印度经济发展方式,从而找出中国和印度经济发展方式的特点以及优缺点,进一步找出印度经济发展方式对我国的借鉴之处,本书的研究成果可以作为政府制定相关政策的重要参考,因此也具有重大的现实意义。

(二)研究目的

本书通过运用索罗余值核算方法(SRA)、随机前沿生产函数分析(SFA)方法和基于DEA模型的Malmquist指数分解方法对中国和印度经济增长源泉进行分解,从而进一步对中国和印度经济发展方式进行比较。具体研究目标是:

1. 利用已有的有关经济增长源泉分解模型,并且加以改进,进一步利用中国和印度面板数据,对中国和印度经济增长源泉进行分解,在此基础上加以分析。

2. 探讨中国和印度经济发展方式的特点。

3. 研究中国和印度经济发展过程中环境污染和资源消耗情况。

4. 分析中国和印度经济持续增长的制约因素。

5. 经过比较找出印度经济发展方式对我国有哪些借鉴之处,我国的经济发展方式对印度又有哪些借鉴之处。

6. 探讨我国经济发展方式由粗放型向集约型转变的对策措施。

(三)主要创新之处

第一,从国内外研究现状来看,关于全面比较研究中印两国经济发展方式的权威资料还是极少的，因此本书对这方面的研究就是一个创新。本书通过对中印两国经济发展方式的比较，并且对这两个国家经济发展方式作出判断（属于粗放型或者集约型发展方式），可以找出这两个国家经济发展方式的一些特点，进而可以找出这两个国家经济发展方式的一些优缺点，在此基础上可以提出转变我国经济发展方式的对策。

第二，测量一个经济体的经济增长源泉，通常使用的是索罗余值核算方法（SRA），近年来又兴起了随机前沿生产函数分析方法（SFA）和基于 DEA 模型的 Malmquist 指数分解方法，这三种方法各有优缺点。从目前的研究文献资料来看，分别使用这三种方法研究一个或者多个经济体经济增长源泉方面的文献资料已经越来越多，但是用不同的研究方法测量一个或者多个经济体经济增长源泉的文献资料则比较欠缺，至于同时用这三种方法研究中印两国经济增长源泉并且进行比较分析方面的资料则还未曾有过。本书通过这三种分析方法研究中印两国经济增长源泉，即研究要素投入和全要素生产率（TFP）在中印两国经济增长中的作用，在此基础上可以对这两个国家经济发展方式作出比较。

三、技术路线、研究方法和基本框架

（一）技术路线

第一，对国内外相关研究作出综述；第二，通过世界银行网站、PWT7.0 以及各国统计网站等途径采集所需要的数据，为本书的研究提供数据支持，并对数据进行分析和整理；第三，运用传统索罗经济增长核算方法、随机前沿生产函数分析（SFA）方法和基于 DEA 模型的 Malmquist 指数分解方法，对中国和印度经济发展源泉进行分解；第四，分析中国和印度投入—产出关系、环境污染和资源消耗情况、收入差距、产业结构以及政府竞争力情况；第五，分析中国和印度经济发展方式的特点及其经济持续增长的制约因素；第六，分析印度经济发展方式对我国的借鉴之处以及我国经济发展方式对印度的借鉴之处，最后在实证研究和规范研究的基础上提出转变我国经济发展方式的对策思考。

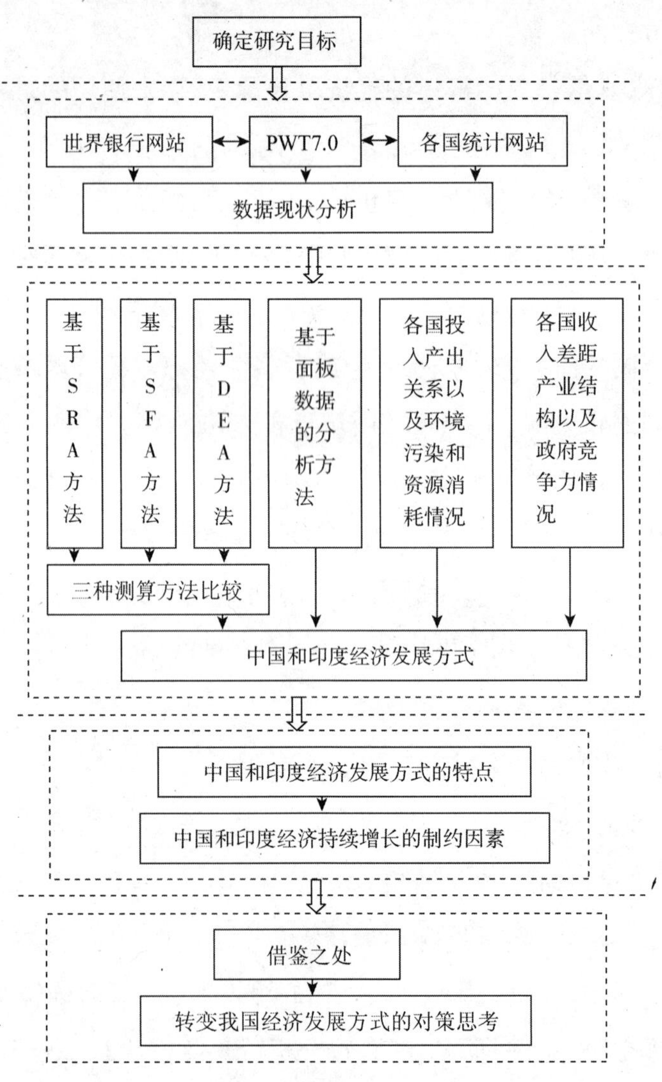

（二）研究方法

1. 实证研究方法

本书运用索罗余值核算方法（SRA）、随机前沿生产函数分析方法（SFA）和基于 DEA 模型的 Malmquist 指数分解方法对中国和印度经济增长源泉进行分解，研究要素投入和全要素生产率（TFP）在中国和印度经济增长中的作用，其中传统索罗增长核算方法和随机前沿生产函数分析方法（SFA）是参数分析，基于 DEA 模型的 Malmquist 指数分解方法是非参数分析；对中国和印度要素投入和总产出数据进行单整分析、协整分析、基于向量自回归模型的脉冲响应模型分析、基于向量自回归模型的方差分解模型分析和 Granger 因果关系检验。

2. 规范研究方法

本书运用规范研究方法，采用一定的判别标准，在对中国和印度经济增长历史进行回顾的基础上，对中国和印度经济发展方式进行比较和评价，并且指出中国和印度经济发展方式属于粗放型还是集约型，在此基础上指出中国和印度经济发展方式各自的特点及其经济持续增长的制约因素，并且提出转变我国经济发展方式的对策措施。

3. 文献分析方法

本书通过搜集、鉴别和整理相关文献资料，并通过对这些文献资料的研究形成对本书研究对象的科学认识，从而确定研究目标和研究思路，在此基础上借鉴国内外诸多学者的研究方法，展开本书的研究。

（三）本书的基本框架

第一章对本书的研究做一个大致的描述，包括问题的提出、研究意义和研究目的、基本思路和研究方法、研究的主要内容和经济增长源泉三种测算方法比较并且对技术进步、技术效率以及全要素生产率等几个概念作出说明。

第二章是相关文献综述以及经济增长相关理论综述，主要从规范和实证两个角度分析国内外相关研究现状，经济增长源泉三种测算方法比较，并且对哈罗德－多马模型、索罗模型、罗默模型和卢卡斯模型等经济增长理论相关模型作出介绍说明。

第三章是中国和印度经济增长中各要素投入测量及其相关计量分析，主要是测量物质资本投入数据、劳动力和人力资本投入数据以及总产出数据。并且对各要素投入进行包括单整和协整分析、基于向量自回归模型的脉冲响应模型分析、基于向量自回归模型的方差分解模型分析以及 Granger 因果关系检验等。

第四章是中国和印度经济增长源泉分析。本章是本书的重心部分，本章运用索罗余值核算方法（SRA）、基于随机前沿生产函数分析方法（SFA）和基于 DEA 模型的 Malmquist 指数分解方法对中国和印度经济增长的源泉进行分解，在此基础上对中国和印度经济增长的源泉进行比较。同时将三种方法测量结果进行比较。

第五章运用基于面板数据的分析方法，从混合模型和个体固定效应模型两个角度研究就业人员数、物质资本存量、初始就业人员数、政府支出规模和对外开放程度对中国和印度经济增长的影响，从而为研究这些国家经济发展方式提供数据支持。

第六章对中国和印度经济增长中投入—产出关系、资源消耗与环境污染进行分析，从而进一步了解中国和印度经济发展方式。

第七章对中国和印度居民收入差距情况进行比较研究。

第八章对中国和印度产业结构情况进行比较研究。

第九章对中国和印度政府竞争力进行比较研究。

第十章对中国和印度经济发展方式的特点（包括优缺点）、中国和印度经济持续增长的制约因素进行分析。

第十一章指出印度经济发展方式对我国的借鉴之处以及我国经济发展方式对印度的借鉴之处，在此基础上进一步提出转变我国经济发展方式的对策思考。

最后总结出本书的基本研究结论、研究局限性与需要进一步研究的问题。

四、经济增长源泉三种常用测算方法

对一个或者多个经济体经济增长源泉的测量一直吸引着众多学者们的兴趣，学者们通常采用三种测算方法测量一个或者多个经济体经济增长源泉，它们分别是：索罗余值核算方法（SRA）、随机前沿生产函数分析（SFA）方法和基于 DEA 模型的 Malmquist 指数分解方法。这三种方法都有各自的产生背景和产生过程，并且也有各自的特点和优缺点。

（一）三种常用测算方法产生背景和产生过程

1. 索罗余值核算方法（SRA）产生背景和产生过程

1928 年美国经济学家道格拉斯（Douglas）和数学家柯布（Cobb），提出了著名的柯布－道格拉斯生产函数（C－D 生产函数）。1942 年丁伯根（Tinbergen）在此函数的基础上引入时间因素，用来表示技术进步，从而使得技术进步不再像柯布－道格拉斯生产函数里那样是常数。1956 年索罗在一篇名为《对经济增长理论的一个贡献》的文章中构建出了第一个新古典增长模型，突出了技术进步的重要性，并且把技术进步看做是保持经济持续增长的推动力，1957 年索罗在一篇名为《技术进步和总量生产函数》的文章中推导出了著名的索罗经济增长速度方程（简称经济增速方程），在经济增速方程中索罗把经济增长由要素投入解释不了的部分称为余值（后人称为索罗余值)。1973 年 Christensen, Jorgenson&Lau 提出超越对数生产函数取代柯布-道格拉斯生产函数。与柯布-道格拉斯生产函数的区别主要在于超越对数形式生产函数的要素替代弹性可变,而柯布-道格拉斯生产函数的要素替代弹性等于 1。究竟这两种函数形式哪一种更好一些? 柯布-道格拉斯生产函数要素替代弹性不变,而超越对数形式生产函数要素替代弹性可变,但是超越对数形式生产函数存在着严重的多重共线性,而柯布-道格拉斯生产函数则没有。所以不好说明哪一种生产函数要更好一些,在实际操作中学者们根据自己的需要选择不同的函数形式。

2. 随机前沿生产函数分析方法(SFA)和基于 DEA 模型的 Malmquist 指数分解方法产生背景和产生过程

测量一个经济体经济增长中全要素生产率水平最常用的方法是索罗余值核算方法(SRA),但是由于索罗余值核算方法具有生产规模报酬不变、完全竞争和希克斯中性技术进步等严格假设条件,并且它假定所有生产者都能实现最优的生产效率,因而无法测量在生产无效率情况下的经济增长源泉。索罗增长核算方法假定所有生产者在技术上是充分有效的,从而将产出增长扣除要素投入贡献后的剩余(后来被称为全要素生产率 TFP)全部归结为技术进步的结果。但 Farrell (1957)等指出并不是每一个生产者都处在生产函数的前沿上,大部分生产者的效率与最优生产效率有一定的差距,即存在技术无效率(Technical inefficiency)。

随着测量技术的进一步发展,20 世纪 90 年代前沿生产函数(Frontier Production Function)方法的出现,弥补了索罗余值核算方法在这方面的不足。前沿生产函数方法主要包括参数方法(如:随机前沿生产函数分析方法 简称 SFA)和非参数方法(如:数据包络分析 简称 DEA)两种。

随机前沿生产函数分析方法(SFA)最早是由 Aigner, Lovell, and Schmidt(1977)、Meeusen and Broeck(1977)和 Battese and Corra(1977)提出的,早期的研究中,随机前沿模型主要应用于横截面数据,Battese and Coelli(1992,1995)等逐渐发展为使用面板数据。相比起横截面数据而言,使用面板数据测算一个或者多个经济体的全要素生产率水平要合理一些,目前学术界关于随机前沿生产函数的应用基本上是基于企业等微观层面上展开,而基于区域经济以及各个国家经济等宏观层面的应用比较少,本书将随机前沿生产函数应用于中印经济增长源泉测算方面。

自从美国著名的运筹学家 Charnes 等于 1978 年创立 DEA 模型以来,有关 DEA 模型的各种概念和理论取得了很快的发展。除了这些有关 DEA 模型的新发展以外,DEA 模型的应用领域也越来越广泛,DEA 模型最初主要应用于公共部门(如学校和医院)的研究,现在已经广泛应用于私人部门(如银行、电信、航空公司以及其他服务和制造业)的研究,Fare et al.(1994)将 DEA 模型应用于宏观经济研究,受 Fare et al. 的影响,国内一些学者也开始将 DEA 模型应用于我国宏观经济问题研究。基于 DEA 模型有很多分析研究方法,其中基于 DEA 模型的 Malmquist 指数分解方法是应用比较普遍的分析方法之一。

(二)三种常用测算方法特点和优缺点比较

本书使用的经济增长源泉三种测算方法分别为:索罗增长核算方法(SRA)①、随机前沿生产函数分析(SFA)方法和基于 DEA 模型的 Malmquist 指数分解方法。由于这三种分析方法的各自特点,它们之间的差异是明显的,SRA 模型和 SFA 模型是参数估计模型,而数据包络分析是非参数估计模型。SRA 模型和 SFA 模型允许噪声而数据

① 我们使用的是最小二乘计量模型。

包络分析方法不允许。SFA 模型和 DEA 模型可以用于计算技术效率,但是 SRA 模型则不能。SRA 模型使用的是时间序列数据, SFA 模型和 DEA 模型使用的横截面数据和面板数据,但是从目前的研究现状来看使用面板数据效果要好一些。

这三种经济增长源泉测算方法也有各自的优缺点,索罗增长核算方法(SRA)的优点在于可以具体计算出各投入要素和全要素生产率对经济增长的贡献率。但是缺点是不能将全要素生产率进一步分解为技术进步和技术效率等,这样就不能进一步分析经济增长到底是由技术进步带来的还是由技术效率带来的,也就是不能分析技术进步和技术效率在经济增长中的作用。并且索罗增长核算方法具有过强生产函数形式,并且假设生产具有规模报酬不变、完全竞争和希克斯中性技术进步等严格假设条件,这是其方法存在的内在缺陷。

随机前沿生产函数分析方法(SFA)的优点是:它可以考虑到现实经济中,投入—产出行为不可避免地包含随机误差,所以包含随机扰动的前沿模型才能更为准确的描述生产者行为,因此它可以考虑到生产函数中的随机误差项,并且可以估计出相应的参数;可以将全要素生产率增长率进一步分解为技术进步率和技术效率变化率等(在某些情况下则不能);可以得到要素投入的产出弹性;相比起 SRA 模型而言,SFA 模型函数形式较弱,并且不存在 SRA 模型所必须具有的严格假设条件。但是缺点是不能具体计算出各投入要素和全要素生产率对经济增长的贡献率,并且只是将全要素生产率增长率进一步分解,而不是将全要素生产率进一步分解。缺点是具有一定的生产函数形式,参数估计结果在一定程度上取决于生产函数形式的选择。

基于 DEA 模型的 Malmquist 指数分解方法的优点是,不需要对生产函数进行任何假设,也不存在 SRA 模型所必须具有的严格假设条件，从而参数估计结果可以避免因错误的函数形式选择和错误的假设条件而带来的问题；可以将全要素生产率增长率分解为技术进步和技术效率变化率两部分，进一步将技术效率变化分解为纯效率变化和规模效率变化两个部分。但是缺点是忽略了环境变化和随机因素对生产行为的影响；与 SFA 模型相似，只是将全要素生产率水平进一步分解，而不是将全要素生产率进一步分解，并且不能具体计算出各投入要素和全要素生产率对经济增长的贡献率。

由于这三种经济增长源泉测算方法各有特点和优缺点，所以这三种方法对经济增长源泉的测算结果往往是不一致的，甚至差异很大。经过学者们大量的研究分析，结果发现没有任何证据能够表明哪一种方法就是最有效的，三种经济增长源泉测算方法各有不同的适用条件，学者们在实际研究中一般根据自己的实际需要选择最适合的研究方法，当然有的学者同时采用这三种研究方法，进行经济增长源泉分解，并且在研究的过程将这三种方法的分析结果进行比较（比如：沈汉溪，2007）。本书也采用这三种研究方法对中国和印度经济增长源泉进行分解，并且将这三种方法的分析结果进行比较。

第二章　文献回顾和经济增长相关理论综述

本章主要从规范和实证两个角度分析国内外相关研究现状，并且主要介绍哈罗德-多马模型、索罗模型、罗默模型和卢卡斯模型等几个典型经济增长模型。

一、国内外相关研究现状

目前从国内外研究现状来看，从实证研究的角度来看，用索罗余值核算方法（SRA）[①]、随机前沿生产函数分析方法（SFA）和基于 DEA 模型的 Malmquist 指数分解方法，全面研究中国和印度经济发展方式的权威资料还未曾有过，用索罗余值核算方法（SRA）研究东亚一些国家和地区的经济增长问题的资料则比较多。另外，从规范研究的角度来看，研究中印经济发展方面的文章也比较多，也就是说从规范研究的角度对中国与印度经济发展方式进行两两比较研究的文献资料比较多，但是从规范研究的角度全面研究中国与印度经济发展方式的资料也未曾有过。因此我们从实证研究和规范研究的角度全面研究中国与印度经济发展方式，并且进行比较分析。

---

① 测量一个经济体经济增长中全要素生产率水平最常用的方法是索罗增长核算方法，也称为索罗余值核算（Solow residuals accounting, SRA）方法。

（一）国外相关研究现状

1.实证研究

从实证研究的角度来看，国外相关研究现状主要表现在运用索罗增长核算方法（SRA）以及与之相似的研究方法研究二战以后长达几十年时间东亚一些国家和地区的经济增长，这方面的研究以琼·垦姆、刘易斯·刘和阿温·杨等人的研究最为典型。随机前沿生产函数分析方法（SFA）和基于DEA模型的Malmquist指数分解方法主要被应用于微观经济单位生产效率的研究，而应用于宏观经济问题的研究则比较少。

琼·垦姆和刘易斯·刘（Jong－Ⅱ. Kim和Lawrence J. Lau 1994）使用了超越对数形式的生产函数（Meta production function）研究了东亚新兴工业化国家和地区（NIEs）的经济增长，经过研究得出结论：东亚一些国家和地区的经济高速增长是由于要素投入的结果而不是由于技术进步或者全要素生产率增长的结果。但是美国、法国、西德、日本和英国的经济增长则归因于技术进步或者全要素生产率增长。

阿温·杨（Alwyn Young 1992 1994 and 1995）使用了资本和劳动两投入要素的超越对数生产生产函数研究了东亚新兴工业化国家和地区（NIEs）的经济增长，与琼·垦姆和刘易斯·刘不同的是，阿温·杨使用了规模收益不变的假定和收入份额法计算要素的产出弹性，经过研究得出结论：东亚新兴工业化国家和地区（NIEs）的经济增长主要不是依靠动态改善（即全要素生产率的提高），而是靠静态改善（即要素积累），与琼·垦姆和刘易斯·刘的研究结论比较相似。

琼·垦姆、刘易斯·刘和阿温·杨等人的研究结果均表明了，东亚四小龙的全要素生产率并不高，甚至比南亚许多贫困国家（如缅甸）还要低，因此他们认为东亚经济的成长仅仅源于要素数量的积累,迟早会因为回报递减而陷入停滞。世界银行(1993)在一项有影响的研究“东亚奇迹”中曾对东亚各国60年代以来的全要素生产率变动进行过测算,并得出结论:亚洲发展中国家(地区)的全要素生产率在零附近,甚至为零。著名经济学家保罗·克鲁格曼(Paul Krugman 1994)根据这些研究认为,东亚的经济增长中没有技术进步的成分,是不可持续的。

但是并不是所有采用传统索罗增长核算方法的国外学者都得出相似的结论,一些研究采用传统索罗增长核算方法得出东亚新兴工业化国家(或地区)全要素生产率比较高的结论。姆斯·瑞德(James. Riedel 2007)采用 Alwyn Young 的方法,但是使用了不同的数据,重新度量了东亚新兴工业化国家(或地区)全要素生产率,经过研究后表明东亚新兴工业化国家(或地区)全要素生产率并非如 Alwyn Young 所说的那么低,也就是说东亚新兴工业化国家(或地区)经济增长是靠要素积累推动是站不住脚的。詹姆斯·瑞德还认为,Alwyn Young 在研究过程中采用了不适当的物质资本投入数据,由此导致计算出的全要素生产率有些低。史格汝·易瓦特、莫什·可汗和何绕市·幕绕(Shigeru. Iwata, Mohsin S. Khan and Hiroshi. Murao 2002)经过实证研究后也得出了相似的结论,并且认为促进东亚新兴工业化国家(或地区)经济增长的诸多因素中技术进步占据着很大的比重。李毅(2003)分析东亚经济增长奇迹原因的两种观点:资本积累论和技术消化论,相比起资本积累论而言,技术消化论可能更符合东亚经济增长的实际。

另外,G. ary. H Jefferson 等人(2000)采用传统索罗增长核算方法研究了1980－1996年中国外商投资企业、股份制企业和私营企业的全要素生产率,研究结果表明了全要素生产率存在着一个长期的增长,但是增长率呈现出下降的趋势。其研究结果与琼·垦姆、刘易斯·刘和阿温·杨等人的研究结果大体相似。

2. 规范研究

从规范研究的角度来看，国外关于这方面的研究集中在中国和印度经济发展道路方面。Yasheng Huang 和 Tarun Khanna(2003)认为中印两国采取不同的发展战略，虽然印度在整体上的表现不如中国，但是在某些领域方面的表现则比中国好，比如印度的本土的企业家数量比较多，而中国则比较少；印度对 FDI 的依赖程度比中国小，印度在这些方面的成功使印度有可能超越中国①。Arvind Panagariya(2004)针对有些学者因为印度在 80 年代经济增长速度比较低而质疑印度经济增长的可信度问题，认为这实际上是对印度经济发展的一种误解。原因在于：第一，印度在 80 年代经济自由化就已经开始了；第二，虽然印度在 80 年代经济增长率比较低并且经济增长的可持续性不强，但是由于 90 年代印度了进行系统的改革，印度经济增长的可持续性明显增强了。

(二)国内相关研究现状

1. 实证研究

从实证研究的角度来看，国内学者运用三种经济增长源泉测算方法，研究我国经济增长源泉的资料还是比较多的。很多学者(如：王金营 2001 年；侯风云 2004 年；叶飞文 2004 年)采用索罗增长核算方法(SRA)研究了我国要素投入和全要素生产率对我国经济增长的贡献率，这些研究得出的结论大体上是一致的，即：要素投入尤其是物质资本投入对我国经济增长的贡献率较高，而全要素生产率对我国经济增长的贡献率相对较低。

① Huang, Y. S., and Khanna, T,《Can India Overtake China?》,Foreign Policy,(July - August, 2003),pp. 74 - 81.

吴颜瑞运用基于超越对数生产函数形式的随机前沿生产函数的方法，研究了中国 27 个省市全要素生产率的增长情况，并且将全要素分解为技术进步和效率变化两部分。刘小二和谢月华(2008)利用 SFA 对我国区域全要素生产率进行实证研究之后认为：改革开放以来我国不同地区的全要素生产率均有明显上升，但是欠发达地区全要素生产率的增长要快于发达地区，说明我国 TFP 有一定的收敛性。何枫等人(2004)运用基于柯布－道格拉斯生产函数形式的随机前沿模型，对我国 29 个省市(区)1981－2000 年的技术效率变迁进行了测算。傅晓霞和吴利学(2006)运用基于柯布－道格拉斯生产函数形式的随机前沿生产函数方法，对我国 28 个地区 1978－2004 年的全要素生产率增长进行了研究，研究后认为中国各地区自 1990 年以来全要素生产率呈现出绝对发散趋势。周春应和章仁俊(2008)运用随机前沿生产函数对我国区域经济技术效率水平进行了测量，研究结果表明了我国东部、中部和西部三大区域技术效率差距比较明显，但是我国区域经济技术效率总体呈现出上升趋势。

运用 DEA 模型方面，杨文举(2006)运用数据包络分析，将 1990－2004年间中国各省的劳动生产率变化分解成技术效率、技术进步和资本深化所引致的变化三个部分，分析了它们对经济增长的影响，并探讨了中国地区差距的演化历程及其背后的原因[①]。颜鹏飞、王兵(2004)运用 DEA 的方法测度了 1978－2001 年中国 30 个省份的技术效率、技术进步及曼奎斯特生产率指数，并且对人力资本和制度因素同技术效率、技术进步和生产率增长的关系进行了实证检验[②]。王兵、颜鹏飞(2007)运用当期 DEA 和序列 DEA 两种方法测度

① 杨文举：《技术效率、技术进步、资本深化与经济增长：基于 DEA 的经验分析》，《世界经济》2006 年第 5 期。

② 颜鹏飞、王兵：《技术效率、技术进步与生产率增长：基于 DEA 的实证分析》，《经济研究》2004 年第 12 期。

了 1960 - 2004 年 APEC17 个国家和地区的技术效率、技术进步及曼奎斯特生产率指数，并且对 APEC 经济增长的趋同效应进行了实证检验①。陈旭（2008）利用 1978 - 2006 年的省际面板数据，用 Malmquist 指数法测算全要素生产率及其组成部分，从技术进步和技术效率两个不同方面考察中国改革开放以来生产率的变化趋势②。吕冰洋、于永达（2008）认为经济增长的动力主要体现在效率提高、技术进步和要素投入三个方面，并且他们运用 Malmquist 指数法对中国各省市经济增长中这三个方面作用进行分解，对不同时期中国经济增长源泉的变化作出说明③。

郑京海和胡鞍钢（2005）运用基于 DEA 模型的 Malmquist 指数分解方法，通过对省际全要素生产率及其组成部分的测算，从技术进步和技术效率这两个不同的方面来考察中国改革开放以来 TFP 增长性质和近几年来的变化趋势。研究结果表明了中国经济增长在 1978 - 1995 年期间经历了一个 TFP 高增长期（为 4.6%），而在1996 - 2001 年期间出现低增长期（为 0.6%），其变化莫测的具体特征为：技术进步速度减慢，技术效率有所下降④。改革开放以来中国的经济增长可以分为两个不同的时期，对应两种不同的增长模式：1978 - 1995 年为第一个时期，可以称为 TFP 高速增长时期，表现为高经济增长和高生产率增长。1996 - 2001 年为第二个时期，可以称为 TFP 低增长时期，表现为高经济增长和低生产率增长，其中生产率变化的具体特征

① 王兵、颜鹏飞：《技术效率、技术进步与东亚经济增长—基于 APEC 视角的实证分析》，《经济研究》2007 年第 5 期。

② 陈旭：《技术进步—技术效率与生产率增长—基于 Malmquist 指数的实证分析》，《全国商情》（经济理论研究）2008 年第 12 期。

③ 吕冰洋、于永达：《要素积累、效率提高还是技术进步？—经济增长的动力分析》，《经济科学》2008 年第 1 期。

④ 郑京海、胡鞍钢：《中国改革时期省际生产率增长变化的实证分析》（1979 - 2001），《经济学季刊》2005 年 1 月。

为:技术进步速度减慢,技术效率有所下降[①]。

2. 规范研究

从规范研究的角度来看,杨文武(2007)对20世纪90年代以来,印度经济增长与发展的态势进行了深入细致的分析,研究印度经济发展模式所表现出的特质,这些特质也为我国经济增长方式转变提供了一定的借鉴意义[②]。谢代刚和李文贵(2005)分析了20世纪90年代以前和20世纪90年代以后印度两种模式产生的背景、剖析了两种模式的基本特征,阐述了对印度产生的深远影响[③]。任佳(2006)从印度产业结构入手,对印度产业结构演变的轨迹和发展模式作出分析,并且对中国的启示之处也作出简要分析[④]。

陈继东、陈家泽(2005)根据中印两国产业结构的演进和制度安排的变化,比较两国经济发展模式及其转型的异同和得失,从另一个角度思考印度经济发展能否超越中国的问题[⑤]。伊倩(2006)认为中印两国经济发展模式的共同点在于都推行以市场为取向的渐进式改革,都鼓励私有经济的发展,都实行对外开放。不同之处是,中国模式以制造业为经济发展的重点,而印度模式以软件业为经济发展的重点,印度的私营企业比中国发达,国际竞争力强,印度的金融体制和法律制度比较完善,而中国的基础设施比较完善,中国吸引的外国直接投资比印度多,两国模式各有优势,可以取长补短,共同发展[⑥]。华民(2006)认为,由于制度环境和初始条件不同,中印两国的发展模

---

① 郑京海、胡鞍钢:《中国改革时期省际生产率增长变化的实证分析》(1979－2001),《经济学季刊》2005年1月。

② 杨文武、钟鹏:《两部门经济假设下的印度经济增长模式探析》,《南亚研究季刊》2008年第2期。

③ 谢代刚、李文贵:《论印度经济发展模式的演绎进程》,《南亚研究季刊》2007年第2期。

④ 任佳:《印度发展模式及对中国的启示》,《财贸经济》2006年第6期。

⑤ 陈继东、陈家泽:《中国与印度经济发展模式及其转型之比较》,《南亚研究季刊》2005年第2期。

⑥ 伊倩:《中国模式与印度模式之比较》,《理论与现代化》2006年第4期。

式也不同,这表现在市场化路径、开放模式和增长道路的差异。为了实现经济的持续发展,中印两国都面临着挑战。两国面临的共同问题是坚持通过创造财富来消灭贫困而不是搞平均主义。中国还需要深化以农民土地所有权、国有企业所有权和私人财产所有权为重点的产权改革,印度则需要改革其限制社会流动、压抑经济活力和消弱人力资本投资的种姓制度①。

经济发展方式研究的关键在于对全要素生产率的研究,近年来对全要素生产率的研究也越来越引起诸多国内学者们的兴趣。林毅夫等人(2007)认为,全要素生产率的计算和经济增长因素的分析具有一个严谨的理论体系和分析框架,如何从概念上正确把握特别重要,克鲁格曼对东亚奇迹的批判主要是对全要素生产率的经济意义没有正确把握以及对不同发展程度的国家或地区在全要素生产率上的不同表现缺乏了解造成的。美国和日本等发达国家在成为发达国家之前,全要素生产率低,而到发达阶段时,全要素生产率才比较高。我国目前处于发展中阶段,因此全要素生产率比较低,全要素生产率会随着经济的发展程度不同的提高而提高。对于如何提高我国全要素生产率水平,林毅夫认为,全要素生产率代表技术水平,如果除去因引进发达国家先进设备而导致的技术进步外,全要素生产率指的是因自主研发而导致的技术进步;自主研发的成本太大,因此国家应该多引进技术来取得技术创新,但是也不是说不用自主研发,当我们国家的某些技术和发达国家差距不远而难以从发达国家引进时应该进行自主研发。这样随着我国经济的发展,需要自主研发的领域也越来越多,全要素生产率水平也会越来越高②。

---

① 华民:《中印经济发展模式的比较:相似的原理与不同的方法》,《复旦学报》(社会科学版)2006 年第 6 期。

② 林毅夫、任若恩:《东亚经济增长模式相关争论的再探讨》,《经济研究》2007 年第 8 期。

郑玉歆(1998)认为,不同学者计算全要素生产率的差异可能存在以下原因:把余值定义为全要素生产率取决于作者分析问题的需要,但是这是一个颇为随意的做法,二者之间可能有些偏差;采用不同的生产函数形式计算全要素生产率可能会得出不同的结果;不同学者的研究其要素投入的度量也存在不同;要素产出弹性的估计方法不同也可能得出不同的全要素生产率[①]。郑玉歆(1999)进一步认为,全要素生产率的度量,不但包括了所有没有识别的带来增长的因素,而且还包括了概念上的差异和度量上的全部误差,不同研究者在全要素生产率的定义、概念、数据以及假定等方面常常做了不同的处理,会使结果不具备可比性;经济增长方式转变具有阶段性,经济增长方式的转变是与经济发展阶段密切相关的,全要素生产率或者技术进步对经济增长的高贡献率一般只有进入经济增长减速的成熟期才会发生。发展阶段可以缩短但是难以超越;高投入并非就是坏事[②]。

易纲等人(2003)认为,对全要素生产率度量方法是一个"仁者见仁,智者见智"的问题,因此用不同的模型测算不同国家全要素生产率并且进行比较是没有意义的;新兴经济体由于其向发达国家购买的设备中已经包含着技术进步,所以新兴经济体全要素生产率的计算结果会低一些[③]。

关于如何转变我国经济增长方式,国内很多学者也提出了自己独到的见解。林毅夫等人(2007)认为,保罗·克鲁格曼对东亚经济增长方式的批判主要是对全要素生产率的经济意义以及不同发

---

① 郑玉歆:《全要素生产率的测度及经济增长方式的"阶段性"规律 - 由东亚经济增长方式的争论谈起》,《经济研究》1999 年第 5 期。

② 郑玉歆:《全要素生产率的测算及其增长的规律——由东亚增长模式的争论谈起》,《数量经济技术经济研究》1998 年第 10 期。

③ 易纲、樊纲、李岩:《关于中国经济增长与全要素生产率的理论思考》,《经济研究》2003 年第 8 期。

展程度的国家和地区在全要素生产率上的表现缺乏了解造成的；一个经济的目标增长方式是使得该经济的生产成本最小化的增长方式，这一增长方式是由该经济的要素禀赋结构决定的，我国的目标增长方式应当是能够充分利用劳动力优势的增长方式，而不是利用不具优势的资本密集增长方式，也不必然是以自主研发来促进生产率提高的增长方式。一个经济的实际增长方式取决于该经济的要素价格体系，有什么样的要素价格体系就有什么样的经济增长方式。因此要转变一个经济的实际增长方式就必须进行要素价格体系和其他方面的改革。因此要转变我国经济增长方式首先要改变我国的目标增长方式；其次是进行要素价格体系和其他方面的改革，使得企业实际支付的要素价格体系符合我国的要素禀赋结构，从而使企业的最优化尽量接近整个经济的最优化[①]。

王小鲁等人(2009)考察了中国经济增长方式正在发生的转换，并对中国未来直到2020年经济增长的可持续性进行了预测。研究结果表明了，改革开放以来我国全要素生产率增长呈上升的趋势，最近10年约在3.6%左右。其中贯穿整个改革时期的市场化和城市化导致的效率提高对生产率的贡献超过1%以上；人力资本的溢出效应和科技研发的加速贡献了1%，基础设施条件的的改善作出了超过2%的贡献。外贸和外贸的溢出效应正在逐渐淡出。这些说明全要素生产率进步的来源正在发生变化，外源性效率提高的因素正在下降，技术进步和内源性效率提高的因素正在上升。另一方面，资本的增长仍然对经济增长起着重要的作用，而且贡献率仍将进一步提高，但是对劳动力数量简单扩张的传统依赖，正在被对人力资本的质量提高的依赖所取代。文章对2008－2020年中国经济增长率进行了预测，未来由要素投入推动的经济增长将随着劳动力增长逐渐减缓

① 林毅夫、苏剑：《论我国经济增长方式的转换》，《管理世界》2007年第11期。

而有所降低，早期的外源性生产率提高因素已经或者将要失去作用[①]。

中国经济增长与宏观稳定课题组（2008）实证研究了中国可持续增长的机制，经过研究后认为，确定中国未来新经济增长机制，政府转型是关键，限制政府利益刚性，明确政府福利支出与企业发展能力相匹配，而不是依靠债务融资推动福利的增长，更多地让市场发挥激励创新和优化配置资源的功能，以促进经济的可持续增长[②]。

（三）国内外研究现状评述

综上所述，国内外相关研究成果为本课题的研究提供了理论基础，但是从目前的研究现状来看，尚未有全面研究中国与印度的经济发展方式方面的权威文献资料，并且已有的研究文献资料中定性研究较多而定量研究较少，尤其是对中国与印度的经济增长源泉分析方面还比较缺少定量研究，缺少定量研究就难以对中国与印度经济发展方式作出客观的比较。本书拟对这些方面进行深入研究，并且在研究的过程中分析中国与印度投入—产出关系、环境污染和资源消耗、贫富差距、产业结构以及政府竞争力进行分析，并且对中国和印度经济发展方式的特点和经济持续增长的因素进行分析，以求能全面揭示中国和印度的经济发展方式，从而能够为我们国家的经济发展方式起到重要的借鉴作用。本书研究中国和印度的经济发展方式，重点研究要素投入和全要素生产率在中国和印度经济增长中的作用，其中全要素生产率在中国和印度经济增长中的作用又是研究重点。本书综合索罗余值核算方法（SRA）、随机前沿生产函数分析（SFA）方法和基于

① 王小鲁、樊纲、刘鹏：《中国经济增长方式转换和增长可持续性》，《经济研究》2009 年第 1 期。

② 中国经济增长与宏观经济稳定课题组：《中国可持续增长的机制：证据、理论和政策》，《经济研究》2008 年第 10 期。

DEA 模型的 Malmquist 指数分解方法对中国和印度经济增长的源泉进行分析。

二、经济增长相关理论综述

经济增长的理论模型最重要的有哈罗德—多马模型、索罗模型、罗默模型和卢卡斯模型，这些模型所阐述的理论是本书研究的依据。

（一）哈罗德—多马模型

哈罗德—多马模型（Harrod - Domar model）是由哈罗德和多马两位经济学家于 1929 - 1931 年世界经济大危机之后提出来的，哈罗德—多马模型是基于凯恩斯理论之上分析经济增长问题的理论模型。它克服了凯恩斯在分析经济增长问题方面短期和静态的局限性，从长期和动态的角度分析经济增长问题，因此具有一定的进步性。但是哈罗德 - 多马模型得出的结论却是“经济增长是不稳定的”，因此哈罗德 - 多马模型对经济增长问题的解释是有缺陷的。哈罗德—多马模型的假设前提是：

第一，全社会只生产一种产品，这种产品既可以作为消费品，也可以作为资本品。

第二，储蓄函数为 $S = sY$，这里的 s 代表这个社会的储蓄比例。

第三，经济体不存在技术进步，也不存在资本折旧问题。

第四，经济体生产规模报酬不变。

第五，经济体的劳动力的增长速度是不变的。

哈罗德—多马模型认为，一个经济社会的资本存量 K 和总产出 Y 之间存在一定的比例关系，即：$K = vY$ 其中：v 被称为资本—产出比，K 和 Y 代表资本和总产量。随着社会资本量的增长，该社会的总产量也在增长，假设二者的增量依次为 ΔK 和 ΔY。二者之比则被称为边际资本—产出比，其数值仍以 v 来表示，则有：

$$\Delta K = v\Delta Y \qquad [2.1]$$

由于假设不存在资本折旧,资本增量全部来源于新的投资,也就是说,$\Delta K = I$,因此[2.1]式可写成:

$$I = v\Delta Y \qquad [2.2]$$

又因为:$S = sY$,且只有当 $I = S$ 时,经济活动才能达到均衡状态。结合[2.1]式可以得到哈罗德模型的基本方程:

$$\frac{\Delta Y}{Y} = \frac{s}{v} \qquad [2.3]$$

它表明,当经济处于均衡时,国民收入增长率等于该社会的储蓄率除以资本—产出比。进一步还可以得出经济实际增长率和有保证的增长率,实际增长率 G_A,指经济中实际实现的增长率,它是由实际的储蓄率与实际的资本—产出比按[2.3]式所决定,即 :

$$G_A = \frac{s}{v} \qquad [2.4]$$

有保证的增长率 G_W,又称为资本家意愿的增长率,是指经济中的储蓄被资本家意愿的投资全部吸收时所能实现的增长率,即有保证的增长率由实际储蓄率与资本家意愿的资本—产出比所决定,即:

$$G_W = \frac{s}{v_r} \qquad [2.5]$$

经济体实现稳定增长的条件是实际经济增长率等于有保证的经济增长率,再等于该经济体人口增长率,即:

$$G_A = G_W = G_N = n \qquad [2.6]$$

但是一般情况下三个指标数值很难保持相等。相反,一旦三个指标数值出现偏离,经济趋向于更大程度的波动。由于实现充分就业稳定增长的条件[2.6]式过于严格,因而经济活动很难按照均衡增长路径增长,也就是说经济增长是不稳定的。

因此,哈罗德—多马模型遇到了两个不容易解决的问题,第一个问题是沿着均衡增长路径的可能性是否存在,这个问题被称为“可能性问题”。在现实经济活动中, $G_A = G_W = G_N = n$ 这种理想的充分就业均衡增长路径的可能性是极少的,除非出现非常巧合的情况,经济活动很难按照均衡增长路径增长。第二个问题是经济活动一旦偏离了均衡增长路径,其本身是否能够自动地趋向于均衡增长路径,这个问题又被称为“稳定性问题”。

改写一下实现经济均衡增长的条件即[2.6]式为: $G_A v = G_W v_r = s$。可见,只有当实际资本—产出比等于投资者意愿的资本—产出比时,实际增长率 G_A 才会等于有保证的增长率 G_W。如果 $G_A > G_W$,则实际资本—产出比低于投资者意愿的资本—产出比,投资者会进一步增加投资,由于投资的增加,实际经济增长率会进一步提高。如果 $G_A < G_W$,则实际资本—产出比高于投资者意愿的资本—产出比,投资者会降低投资,实际经济增长率会进一步降低,经济中出现失业。所以实际经济增长率与有保证的经济增长率之间一旦发生了偏差,经济体不仅不能实现自我调整,而且还会产生更大的偏差,因此经济体很难趋向于均衡增长路径。

哈罗德—多马模型突出了投资在发展中国家经济增长中的作用:通过提高投资(储蓄率)可以促进发展中国家经济增长,或者说通过资本转移(发展援助)能够促进发展中国家的经济增长。然而事实上,发展中国家往往比较欠缺投资或者发展援助,因此哈罗德—多马模型在解释发展中国家经济增长问题比较困难。

(二)索罗模型

索罗模型几乎是所有经济增长问题研究的出发点,甚至于那些从根本上不同于索罗模型的理论通常也需在与索罗模型的比较中才能得到最好的理解，因此索罗模型在经济增长理论中占有重要的地位。[①] 索罗模型的假设条件是：

第一，假设世界上的每一个国家只生产和消费一种相同的商品。

第二，劳动力与总人口的比例是一常数且人口增长率为常数 n。

第三，假定生产的规模报酬不变。

索罗模型的建立主要是围绕着两个方程展开的：一个是生产函数，一个是资本积累函数。生产函数方面，索罗模型以及其后的新增长模型都用到了柯布—道格拉斯函数所建立的理论基础，假定生产函数符合柯布—道格拉斯函数形式：

$$Y_t = K_t^{\alpha}(A_t L_t)^{1-\alpha} \qquad [2.7]$$

通过这样引入的技术变量 A 被称为“劳动增强的技术变量”，并且假定技术进步是外生的，是与经济体无关的。本书不去探讨技术进步是怎样产生的，而是假定技术进步以一个固定比率增长的，即：$A_t = A_0 e^{gt}$

将上式两端取对数并且求关于时间 t 的全导数可以得到：$\frac{\dot{A}_t}{A_t} = g$。

从长期来看，由于引入了技术进步，劳动力人均资本须用另外一个变量表示出来。这个新的变量是 $\tilde{k} = \frac{K}{AL}$，显然它等于$\frac{k}{A}$。因此变量 $\tilde{k}$ 表示的就是劳动力人均资本对技术的比率。将之称为“资本—技术比率（这里所指的资本是劳动力人均资本而不是资本总量）。

将[2.7]式生产函数用劳动力人均产出的形式表述出来，即：$y = k^{\alpha}A^{1-\alpha}$。

用 $\tilde{k}$ 改写生产函数，可以得到：$\tilde{y} = \tilde{k}^{\alpha}$。

其中 $\tilde{y} = \frac{Y}{AL} = \frac{y}{A}$，类似的，本书将 $\tilde{y}$ 称为“产出—技术”比率。同

① ［美］戴维·罗默：《高级宏观经济学》，商务印书馆 2004 年版，第 10 页。

时可以得到：$\dot{\tilde{K}}/\tilde{K} = \dot{K}/K - \dot{A}/A - \dot{L}/L$

则资本积累方程可以改写成：

$$\dot{\tilde{k}} = s\tilde{y} - (n + g + d)\tilde{k} \qquad [2.8]$$

当$\dot{\tilde{k}} = 0$（即$\tilde{k} = \tilde{k}^*$）时，收入的增长率等于劳动力的增长率加资本折旧率和技术进步率，经济增长属于哈罗德所说的均衡增长，如下图：

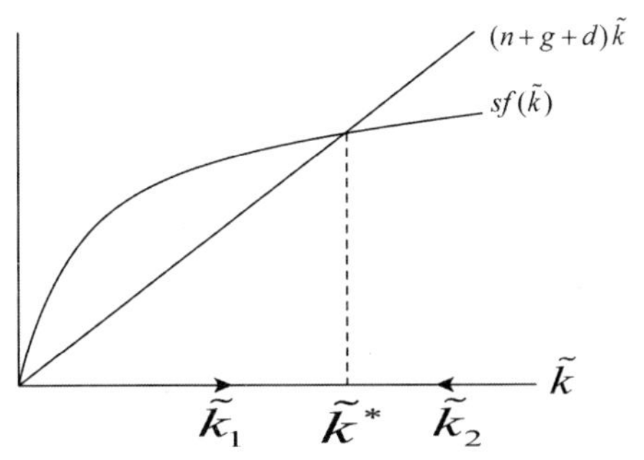

图 2.1 均衡增长的稳态分析

如果$\tilde{k}$不等于$\tilde{k}^*$，那么$\tilde{k}$不是小于$\tilde{k}^*$就是大于$\tilde{k}^*$，先看$\tilde{k}$小于$\tilde{k}^*$时的情况，假定$\tilde{k} = \tilde{k}_1$，这时$sf(\tilde{k}) > (n + g + d)\tilde{k}$。根据基本方程$\dot{\tilde{k}} = s\tilde{y} - (n + g + d)\tilde{k}$，可知$\dot{\tilde{k}} > 0$，即人均资本增量大于零，则：$\frac{sf(\tilde{k})}{\tilde{k}} > n + g + d$。

又因为$f(\tilde{k}) = \tilde{y} = \frac{Y}{AL}$ $\tilde{k} = \frac{K}{AL}$则上式可写成：$s\frac{Y}{AL} \cdot \frac{AL}{K} > n + g + d$ 即：$\frac{sY}{K} > n + g + d$，又因为$sY = S = I = \dot{K}$于是上式可写成：

$$\frac{\dot{K}}{K} > n + g + d$$

此时，资本的增长率（即国民收入的增长率）大于劳动力的增长率、资本折旧率和技术进步率。经济体中就有一种机制会使人均资本量不断增大,直到所需要的水平($\tilde{k}^*$)为止。当然$\tilde{k}$大于$\tilde{k}^*$时的情况也是一样的道理。

同时可以进行稳定状态求解,将$\tilde{y}=\tilde{k}^\alpha$代入[2.8]式中,再令[2.8]式中$\dot{\tilde{k}}=0$,可以得到:

$$\tilde{k}^* = \left(\frac{s}{n+g+d}\right)^{\frac{1}{(1-\alpha)}} \qquad [2.9]$$

再将其代入$\tilde{y}=\tilde{k}^\alpha$,得到:

$$\tilde{y}^* = \left(\frac{s}{n+g+d}\right)^{\frac{\alpha}{(1-\alpha)}} \qquad [2.10]$$

为了得到稳定状态下劳动力人均产出,将上式改写成:

$$y_t^* = A_t\left(\frac{s}{n+g+d}\right)^{\frac{\alpha}{(1-\alpha)}} \qquad [2.11]$$

其中,y和A都是时间t的函数,沿着均衡路径增长的劳动力人均产出是由技术、投资率和人口增长率三个因素决定的。

1957年,索罗发表了名为《技术进步与总生产函数》的文章。在这篇文章中,他通过一个简单的数学计算将产出的增长率分解为资本、劳动力和技术进步的增长之和。他对增长的核算是这样进行的:先假定一个生产函数,形如:

$$Y_t = A_t K_t^\alpha (L_t)^{1-\alpha}$$

假定生产函数符合柯布—道格拉斯函数形式,形式为:$Y_t = A_t K_t^\alpha L_t^{1-\alpha}$,对此式两端取对数形式可以得到:$\text{In}Y_t = InA_t + \alpha\text{In}K_t + (1-\alpha)\text{In}L_t$,进一步对此式两端求关于时间$t$的全导数可以得到:

$$\frac{\dot{Y}}{Y} = \frac{\dot{A}}{A} + \alpha\frac{\dot{K}}{K} + (1-\alpha)\frac{\dot{L}}{L} \qquad [2.12]$$①

上式中$\frac{\dot{Y}}{Y}$代表GDP增长率,$\frac{\dot{L}}{L}$代表人力资本存量增长率,$\frac{\dot{K}}{K}$代表

① 上式中字母上面带有点的,表示该变量对时间t的导数。

物质资本存量增长率，而$\frac{\dot{A}}{A}$则通常被称作“全要素生产率的增长”或称为“索罗剩余”。“索罗剩余”有时被解释为对技术进步的贡献的测量，然而正如推导过程中可以看出的那样，它反映了所有的其他增长源泉—除资本积累通过其私人收益所做贡献之外的所有其他增长源泉。[①] 事实上$\frac{\dot{A}}{A}$是指由制度因素、技术进步、自然资源条件、人力资本质量等引致的因后两个因素无法解释的剩余部分。索罗以及后来继续研究该模型的爱德华·丹尼森(Edward Denision)和戴尔·乔根森(Dale Jorgenson)等经济学家都是用这一方程来分析产出增长源泉的。为使方程的形式更加简练，我们定：

$$G_Y = \frac{\dot{Y}}{Y} \quad G_A = \frac{\dot{A}}{A} \quad G_L = \frac{\dot{L}}{L} \quad G_K = \frac{\dot{K}}{K}$$

则[2.12]式转化为下式：

$$G_Y = G_A + \alpha \cdot G_K + (1-\alpha) G_L \qquad [2.13]$$

上式即为经济增长率分解式，或者说经济增长速度方程。

(三)内生经济增长模型

1. 罗默模型

新增长理论中，罗默的贡献显得尤为重要，毫不夸张地说，研究经济增长理论的经济学家或多或少地都从罗默的理论中受到启发。罗默模型需要一些假设条件，这些假设条件包括：

第一，技术进步是经济增长的引擎，技术进步可以解释经济体持续增长的原因。技术进步可以被人力资本产生的基础科学研究成果、应用科学研究成果和试验发展所解释，因此人力资本对于技术进步具有重要的作用。

① ［美］戴维·罗默：《高级宏观经济学》，商务印书馆 2004 年版，第 37 页。

第二，人力资本从事研发产品的开发是由于市场获利的刺激，市场获利的刺激激励着人力资本开发出更多的研发产品，所以来自市场获利的刺激对于人力资本从事研发产品的开发起着重要的作用。

第三，假定生产的规模报酬不变，由于技术上的原因，无论新古典经济增长理论还是新增长理论都在理论实证分析过程中假定生产的规模报酬不变，以此来进一步推导出经济增长的均衡路径。新增长理论的主要代表如：卢卡斯、罗默以及琼斯等都在理论实证研究过程中假定生产的规模报酬不变。

第四，假定劳动力与总人口的比例是一常数且劳动力增长率为常数。罗默的思路将经济体系分为研发部门、中间产品部门和最终产品部门，研发部门是经济持续增长的关键，研发部门中人力资本生产出的科学研究产品则是经济增长的引擎。罗默（1990 年）在他的模型中将每年增加的应用科学研究成果的函数形式设定为：

$$\dot{A} = \delta H_A A \qquad [2.14]$$

其中 A 表示应用科学研究成果，H_A 表示从事应用科学研究的人员，δ 是人力资本进行科学研究的速率参数。

如果总人口中从事研发产品生产的人力资本越多，那么将会对研发产品增长率（或者说科技进步率）和研发产品总量会产生什么样的影响，为此我们要进行比较静态分析。我们假设[2.14]式中科技进步率的初始增长率为 $g_A = n$，因为沿着平衡增长路径，科技进步率是一常数，所以直到 $t=0$，科技进步率仍然为 $g_A = n$。随着总人口中从事研发产品生产的人力资本的增多，科技进步率在短期会得到提高，但是在长期呈现出逐步下降的趋势，直到回落到接近于初始增长率水平 $g_A = n$（见图 2.2）。我们分析其中可能的原因是：这里的科技进步率指的是研发产品的增长率，根据[2.14]式所示随着人力资本的增多，在短期内科技进步率（$\frac{\dot{A}}{A}$）会得到提高，但是研发产品总量

(A)也会得到增加,这必然会降低科技进步率,使科技进步率一直降低到接近于初始增长率水平。也就是说,当研发产品总量比较小的时候,其增长率可能比较大,但是当其总量比较大的时候,其增长率就要下降。

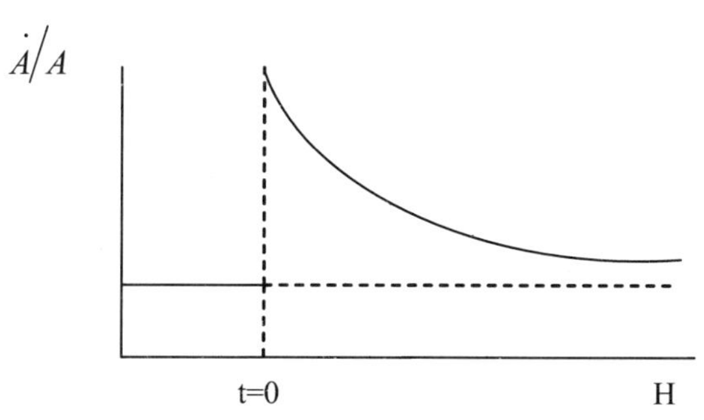

图 2.2　$\frac{\dot{A}}{A}$随着 H 增加的变化图

同时,通过使用生产函数方程、物质资本积累方程与人力资本积累方程可以推导出均衡经济增长路径,生产函数方程与新古典生产函数方程相似,其形式为:

$$Y_t = K_t^{\alpha} H_t^{\beta} (A_t L_t)^{1-\alpha-\beta} \qquad [2.15]$$

上式中,Y_t 代表 t 时期的国民生产总值、A_t 代表技术水平的参数,通过这样引入的技术变量被称为"劳动增强的技术变量", L_t 代表 t 时期劳动力投入、K_t 代表 t 时期物质资本投入、H_t 代表 t 时期人力资本投入,α 和 β 则是参数。

物质资本积累方程与人力资本积累方程的形式分别为:

$$\dot{K} = s_K Y - d_K K$$

$$\dot{H} = s_H Y - d_H H$$

上述两式中 s_K 和 s_H 分别代表国民生产总值中用于物质资本和人力资本的投资率,d_K 和 d_H 分别代表物质资本和人力资本的折旧率。将生产函数[2.15]式用劳动力人均产出的形式表述出来,其形式为:

$$\tilde{y}_t = \tilde{k}_t^{\alpha}\tilde{h}_t^{\beta} \qquad [2.16]$$

其中：$\tilde{y}_t = \frac{Y_t}{A_t L_t}$ $\tilde{k}_t = \frac{K_t}{A_t L_t}$ $\tilde{h}_t = \frac{H_t}{A_t L_t}$ 我们将 $\tilde{k}_t = \frac{K_t}{A_t L_t}$ 和 $\tilde{h}_t = \frac{H_t}{A_t L_t}$ 两端取对数形式，并且求关于时间 t 的导数可以得到：

$$\begin{aligned}\tilde{k}/\tilde{k} &= K/K - L/L - A/A = (s_K Y - d_k K)/K - L/L - A/A \\ &= s_K\tilde{y}/\tilde{k} - d_K - N - A/A^{①} \\ \tilde{h}/\tilde{h} &= H/H - L/L - A/A = (s_H Y - d_H H)/H - L/L - A/A \\ &= s_H\tilde{y}/\tilde{h} - d_H - n - A/A\end{aligned}$$

那么物质资本积累方程和人力资本积累方程可以改写成：

$$\dot{\tilde{k}} = s_K\tilde{y} - (d_K + n + \frac{\dot{A}}{A})\tilde{k}$$

$$\dot{\tilde{h}} = s_H\tilde{y} - (d_H + n + \frac{\dot{A}}{A})\tilde{h}$$

将[2.16]式代入上述两式中，再令 $\dot{\tilde{k}} = 0$ 可以得到稳定状态的 $\tilde{k}^*$ 和 $\tilde{h}^*$ 的表达式：

$$\tilde{k}^* = \left(\frac{s_K\tilde{h}^{\beta}}{d_K + n + \frac{\dot{A}}{A}}\right)^{\frac{1}{(1-\alpha)}}$$

$$\tilde{h}^* = \left(\frac{s_H\tilde{k}^{\alpha}}{d_H + n + \frac{\dot{A}}{A}}\right)^{\frac{1}{(1-\beta)}}$$

再将上述两式代入 $\tilde{y}_t = \tilde{k}_t^{\alpha}\tilde{h}_t^{\beta}$，可以得到经济体系的均衡增长路径：

$$\tilde{y}^* = \left(\frac{s_K\tilde{h}^{\beta}}{d_K + n + \frac{\dot{A}}{A}}\right)^{\frac{\alpha}{(1-\alpha)}}\tilde{h}^{\beta}$$

$$\tilde{y}^* = \left(\frac{s_H\tilde{k}^{\alpha}}{d_H + n + \frac{\dot{A}}{A}}\right)^{\frac{\beta}{(1-\beta)}}\tilde{k}^{\alpha}$$

上述两式在性质上是一样的,我们选择第一个式子进行分析,用劳动力人均产出的形式改写这两个方程;

$$y^{*}=\left(\frac{s_K\tilde{h}^{\beta}}{d_K+n+\frac{\dot{A}}{A}}\right)^{\frac{\alpha}{(1-\alpha)}}\tilde{h}^{\beta}A \qquad [2.17]$$

将 $\tilde{h}_t=\frac{H_t}{A_tL_t}$ $\tilde{k}_t=\frac{K_t}{A_tL_t}$ 代入上式中,并且经过整理可以得到:

$$y^{*}=\left(\frac{s_K}{d_K+n+\frac{\dot{A}}{A}}\right)^{\frac{\alpha}{(1-\alpha)}H^{\frac{\beta}{(1-\alpha)}}L^{\frac{-\beta}{(1-\alpha)}}A^{\frac{1-\alpha-\beta}{(1-\alpha)}}} \qquad [2.18]$$

从[2.18]式可以得到比较一致的结论:一个经济体系中,物质资本投资越多,人均收入越高;人口增长率越高,人均收入越低;从事研发的人力资本越多,人均收入越高。但是对于技术进步,我们在这[2.18]式中却看到难以解释的现象,均衡方程中有两处体现了技术进步因素,一处是 $A^{\frac{1-\alpha-\beta}{(1-\alpha)}}$,另一处是$\frac{\dot{A}}{A_t}$。对于前者,随着研发产品总量的提高,人均收入也在提高;但是对于后者,随着科技进步率的提高,人均收入却在降低。可能的原因是:如果人均收入依赖研发产品增长率(或者说科技进步率)的增长,那么意味着研发产品增长对人均收入的增长的带动作用比较弱,如果人均收入依赖研发产品总量的增长,那么意味着研发产品增长对人均收入的增长的带动作用比较强,则这种经济增长方式是可持续的。根据本书前述分析结果,随着总人口中从事研发产品生产的人力资本(包括各种人力资本)的增多,科技进步率在短期会得到提高,但是在长期呈现出逐步下降的趋势,所以人力资本数量的增加有利于人均收入的增长。

2. 卢卡斯模型

卢卡斯首先对边际报酬递减规律提出质疑,因为若成立,则存在资源禀赋差异的两国通过贸易最终应能达到均衡,则世界各国的经济发展水平可能趋同。但事实不是如此,于是他提出边际报酬在某种条件下递增的假设,创立了内生增长理论。卢卡斯模型也被称为外部性模型,这是因为卢卡斯认为人力资本投资具有正的外部性,可以促进技术进步。最早用技术外部性解释经济增长的模型是阿罗(Arrow,K. J.)于1962年提出的边干边学模型,宇泽弘文(Vzawa)(1965)又提出重视人力资本作用的两部门模型。而卢卡斯(1988)建立的内生增长模型—人力资本的溢出模型,实际上是将阿罗模型与宇泽弘文模型结合起来,用人力资本的溢出效应解释技术进步,说明经济增长是人力资本不断积累的结果,而技术进步又是教育部门进行人力资本投资的结果。

卢卡斯认为,新古典经济增长模型有两个令人无法信服的地方,第一,新古典模型无法说明各国之间经济增长绩效的差异;第二,新古典模型预言国际贸易可以导致各国之间人均资本以及要素价格达到均衡,而这显然是违反事实的。基于此,卢卡斯建立了内生化人力资本投资与经济增长模型,将索罗模型中经济增长的发动机由技术进步转换为人力资本。卢卡斯采用的生产函数是:

$$Y(t)=AK(t)^{\beta}[u(t)h(t)N(t)]^{1-\beta}h_a(t)^{\gamma} \qquad [2.19]$$

上式中,$Y(t)$表示第t年的产出,$K(t)$表示第t年的物质资本存量,$N(t)$为第t年的总人口,$u(t)$为劳动者投入到当前生产活动的时间,$h(t)$为工人所具备的人力资本水平,表示人力资本的内部效应,A为当前给定的表示技术水平的参数并且被假定为常数,$h_a(t)$为社会平均人力资本水平,表示人力资本的外部效应。它是这样定义的:

$$h_a=\frac{\int_0^{\infty}hN(h)\,dh}{\int_0^{\infty}N(h)\,dh}$$

同时卢卡斯将总产出 $Y(t)$ 用下式来表示：

$$Y(t)=N(t)c(t)+\dot{K}(t) \qquad [2.20]$$

上式中，$c(t)$ 代表人均消费，$N(t)$ 代表总人口，$\dot{K}(t)$ 代表人均资本量的变化量（即投资量）。结合[2.19]式和[2.20]式，消去 $Y(t)$ 可以得到：

$$N(t)c(t)+\dot{K}(t)=AK(t)^{\beta}[u(t)h(t)N(t)]^{1-\beta}h_a(t)^{\gamma} \qquad [2.21]$$ ①

卢卡斯通过设立当期值汉密尔顿（Hamiltonian）函数的形式来研究经济增长的最优和均衡问题。汉密尔顿函数的当期值为：

$$H(K,h,\theta_1,\theta_2,c,u,t)$$

$$=\frac{N}{1-\sigma}(c^{1-\sigma}-1)+\theta_1[AK^{\beta}(uhN)^{1-\beta}h^{\gamma}-Nc]+\theta_2[\delta h(1-u)]$$

其中，θ_1 与 θ_2 分别为物质资本增加量 $\dot{K}$ 与人力资本增加量 $\dot{h}$ 的价格。② 当然，本模型利用求当期值的汉密尔顿函数还需要以下四个条件：

$$c^{-\sigma}=\theta_1$$

$$\theta_1(1-\beta)AK^{\beta}(uhN)^{-\beta}Nh^{1+\gamma}=\theta_2\delta h$$

$$\dot{\theta}_1=\rho\theta_1-\theta_1\beta AK^{\beta-1}(uhN)^{1-\beta}h^{\gamma}$$ ③

$$\dot{\theta}_2=\rho\theta_2-\theta_1(1-\beta+\gamma)AK^{\beta}(uN)^{1-\beta}h^{-\beta+\gamma}-\theta_2\delta(1-u)$$

同时卢卡斯令：$Z_1(t)=e^{-(k+\lambda)t}K(t) \quad Z_2(t)=e^{-rt}h(t)$ $Z_1(t)$ 被认为代表经济增长，$Z_2(t)$ 代表人力资本投入。

经过推导，可以得到人力资本投资与经济增长之间的关系（见下

---

① 卢卡斯，《论经济发展机制》（1988 年），第 8 页。

② 因为 $\theta_1[AK^{\beta}(uhN)^{1-\beta}h^{\gamma}-Nc]=\theta_1\dot{K} \quad \theta_2[\delta h(1-u)]=\theta_2\dot{h}$

③ 式中 ρ 为贴现率（discount rate）。

图)。

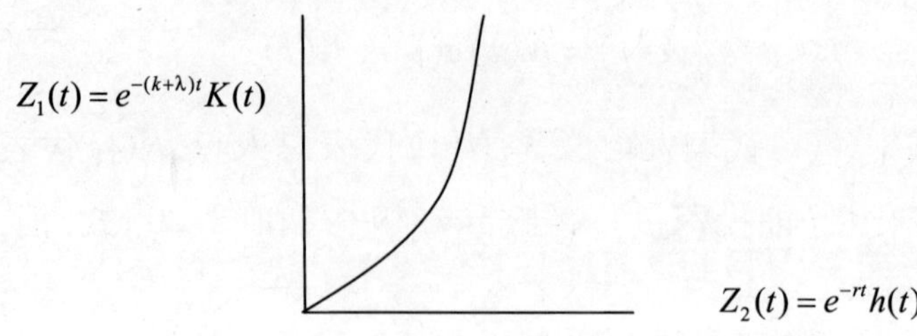

图 2.3 人力资本投资与经济增长之间的关系

卢卡斯认为,工人的人力资本水平不仅影响自身的生产率,而且能够对整个社会的生产率产生影响(每一经济个体在进行决策时不考虑这部分影响),这是该模型能够产生递增收益(整个经济)的基础。值得一提的是,卢卡斯认为在人力资本投入的两种形式($h(t)$与$h_a(t)$)中,人力资本的外部效应——社会平均的人力资本水平($h_a(t)$)具有核心作用,并且这些效应会从一个人扩散到另一个人,因而会对所有生产要素的生产率都有贡献,从而使生产呈现出规模收益递增,而正是这种源于人力资本的外部效应的收益递增,使人力资本成为经济增长的发动机。

第三章　中国和印度经济增长中产出和要素投入测量及相关计量分析

中国和印度经济增长中各要素投入测量，主要是测量物质资本投入数据、劳动力和人力资本投入数据以及总产出数据。对产出和要素投入数据进行测量后还需要对这些数据进行相关计量分析，主要包括单整和协整分析、基于向量自回归模型的脉冲响应分析和基于向量自回归模型的方差分解分析以及 Granger 因果关系检验。

一、中国和印度经济增长中产出和投入要素测量

经济增长中的两个最重要的要素投入是物质资本和劳动力，后来又将人力资本加进去，但是人力资本又是如何来衡量？考虑到人力资本是附在劳动力身上的，它不可能从劳动力身上分离出来，事实上到目前为止，还没有一种有效的方法将人力资本从劳动力身上分离出来。因此利用“捆绑法”将劳动力和人力资本投入要素放在一起进行计量分析被认为是一个有效的解决办法。本节通过采用 PWT 7.0 数据库中的数据测量出中国和印度经济增长中物质资本投入数据、劳动力和人力资本投入数据以及总产出数据。

(一)中国和印度经济增长中总产出测量

总产出数据选用各国用购买力评价法计算出的2005年不变价格的国内生产总值,通过 Heston, Summers 和 Aten 的 PWT 7.0 数据库可以得到中国和印度样本期不变价格链式序列的人均国内生产总值与人口总数数据(见附表1和图3.1所示),将两者相乘可以得到中国和印度1978－2009年的总产出数据(见附表2和图3.2所示)。

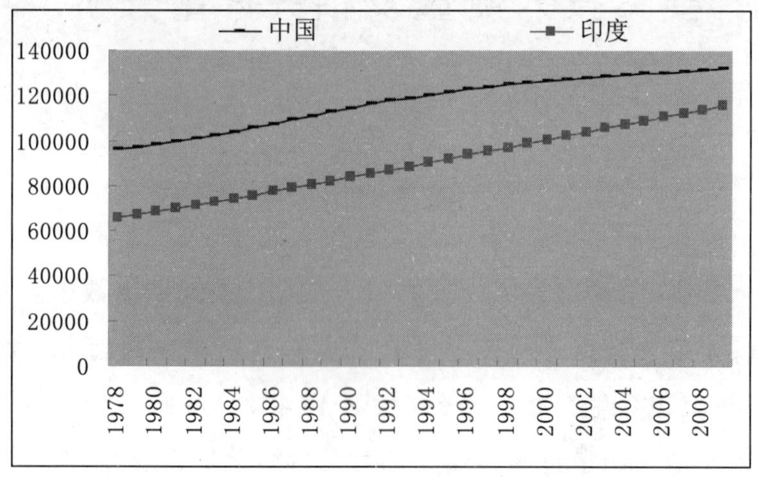

图3.1　中国和印度1978－2009年人口总数曲线

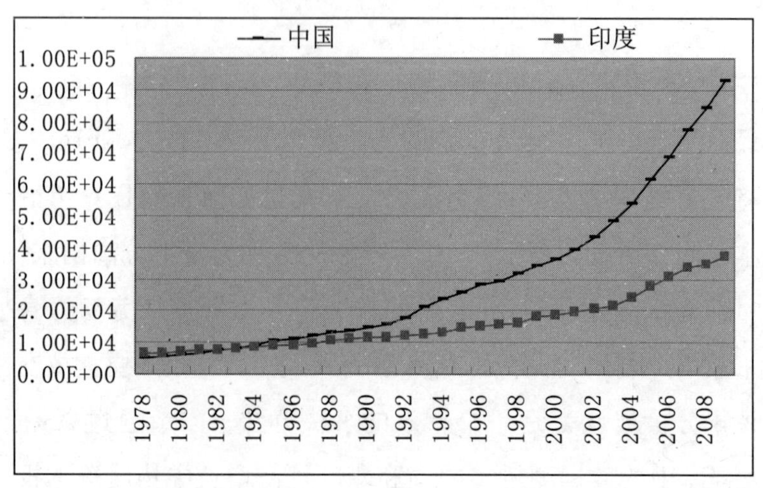

图3.2　中国和印度1978－2009年总产出曲线

从附表1和图3.1中可以看出,在1978年中国和印度人口总数差距较大,中国人口总数是9.58亿,同期印度人口总数是6.58亿,中国比印度人口总数多3亿。但是到2009年中国人口总数是13.24亿,同期印度人口总数是11.57亿,中国比印度人口总数只多出1.67亿。说明了改革开放以来,随着中国计划生育政策的实施,导致1978－2009年中国人口总数增长速度慢于印度。

中国和印度是世界人口规模第一和第二的国家,这就使我们去分析中国和印度庞大的人口究竟是人口陷阱,还是人口红利？印度1978年人口总数是6.58亿,就业人员是2.42亿(详见下文中国和印度经济增长中劳动力和人力资本投入测量部分),就业率是36.7%。印度2009年人口总数是11.56亿,就业人员是4.60亿,就业率是39.76%。印度的教育经费主要投入到高等教育,识字率只有70%左右。这些人无法就业,也很难培训成为产业工人。麦肯锡公司研究结果表明,到2010年印度软件业创造230万个就业机会,而间接创造的就业机会将达到650万个。据相关研究机构估计,印度每年只能培养40万名工程师,仅靠信息工业和服务业,无法满足就业需求。印度存在就业面窄、劳动力素质不匹配等问题,劳动人口由于难以被社会吸纳,有落入人口陷阱的可能性。中国1978年人口总数是9.59亿,就业人员是4.86亿,就业率是50.67%。中国2009年人口总数是13.24亿,就业人员是7.77亿,就业率是58.68%。中国的就业率大大高于印度。而中国的识字率约为90%以上。另外,改革开放30多年来,中国培养了大约2亿产业工人。因此,尽管同样存在就业难的问题,中国的困难与印度不同,人口素质的平均水平相对较高,只要扩大产业规模,提供足够多的就业岗位即可解决。但是中国目前人口老龄化现象严重,国家统计局统计资料显示,中国60岁及以上人口占总人口的比重是13.26%,其中65岁及以上人口占总人口的比重是8.87%。中国已步入老龄化社会,中国现有老龄人口已超过1.6亿,且每年以近800万的速度增加,有关专家预测,到2050年,中国老龄人口将达到总人口的三分之一。中国要利用好目前人口红利期,做好相关工作,为以后老龄化社会做好准备。

从附表2和图3.2中可以看出,在1978年中国和印度按2005年不变价格计算的GDP基本上都在一个起跑线上,其中印度的GDP略高一些,1978年印度的GDP约为6800亿美元,中国的GDP约为5270亿美元。到了1992年,中国的GDP是17600亿美元,同期印度的GDP是12200亿美元。到了2009年,按2005年不变价格计算的GDP又发生了很大变化,2009年中国的GDP是92800亿美元,印度的GDP是37500亿美元,中国经济总量相当于印度将近三倍。

中国自1978年改革开放以来经济实现高速增长,1978－1992年间中国GDP平均每年增长9.00%,九十年代以后改革开放进一步深入,经济增长速度进一步加快,1992－2009年间中国GDP平均每年增长10.03%,1978－2009年间中国GDP平均每年增长9.69%,如此高的经济增长速度使中国GDP总量在2009年遥遥领先于印度。1978－1992年印度GDP平均每年增长4.26%,1991年印度开始进行经济改革之后,经济出现了前所未有的快速增长,1992－2009年,印度GDP平均每年增长6.83%,因此,1978－2009年,印度GDP平均每年增长5.66%,经济增长速度在发展中国家名列前茅。较高的经济增长速度也使得印度GDP总量仅次于中国。

(二)中国和印度经济增长中劳动力和人力资本投入测量

我们将劳动力和人力资本投入要素放在一起进行计量分析,这种方法称为“捆绑法”,这主要基于以下三点考虑:第一,人力资本是附在劳动力身上的,它不可能从劳动力身上分离出来,虽然这种做法无法突出人力资本投入在经济增长中的作用,但是要将人力资本从劳动力身上分离出来并非是一件容易的事情,如果不能正确地将人力资本从劳动力身上分离出来,则很容量出现重复估计的问题。实际上,到目前为止还没有一个可行的办法能准确度量一个经济体的人力资本存量;第二,我们通过采用三种计量方法,即基于传统索罗余值核算方法(SRA)、基于随机前沿生产函数分析(SFA)方法和基于 DEA 模型的 Malmquist 指数分解方法对中国和印度经济增长源泉进行比较,而使用后两种方法(SFA 和 DEA)的前提是要求将劳动力和人力资本投入要素放在一起进行计量分析;第三,一些相关研究学者都是采用"捆绑法"进行计量分析的,这些学者有:Jong－Ⅱ. Kim 和 Lawrence J. Lau (1994) 、Alwyn Young (1992 1994 和 1995)、Yan-rui Wu (2000) 、Shigeru、Iwata、Mohsin S、Khan and Hiroshi Murao (2000)和 James、Riedel(2007)等等。

如上所述,我们将劳动力和人力资本投入要素放在一起进行计量分析,所以选用就业人员数来衡量劳动力和人力资本投入要素。就业人员数据选用的是经济活动人口数据,数据的来源及其生成过程是:通过 Heston, Summers 和 Aten 的 PWT 7.0 数据库可以得到中国和印度 GDP 和劳均 GDP(用美元来衡量)数据,然后将中国和印度 GDP 除以劳均 GDP 可以得到中国和印度就业人员的数据,通过此种方法可以得到中国和印度 1978－2009 年的就业人员数据(见附表 3 和图 3.3 所示)。

从附表 3 和图 3.3 中可以看出,在 1978 年中国就业人员数量是 48600 万人左右,印度就业人员数量是 24200 万人左右,中国是印度的两倍左右。1978－2009 年间,从就业人员数量增长的绝对量来看,中国的就业人员数量增长最多(就业人员数量增长了 2.91 亿人),印度的就业人员数量增长仅次于中国(就业人员数量增长了 2.18 亿人)。但是从中国和印度就业人员数量增长速度来看,1978－2009

年印度的就业人员数量增长速度快于中国(就业人员数量平均每年增长2.09%),同期中国的就业人员数量增长速度比印度慢(就业人员数量平均每年增长1.53%)。但是我们发现中印之间就业人员数量增长速度有一个特点,1978－1992年中国的就业人员数量增长速度快于印度,在此期间中国的就业人员数量增长速度是2.32%,同期印度的就业人员数量增长速度是2.17%,而1992－2009年中国的就业人员数量增长速度慢于印度,在此期间中国的就业人员数量增长速度是0.88%,同期印度的就业人员数量增长速度是2.03%。

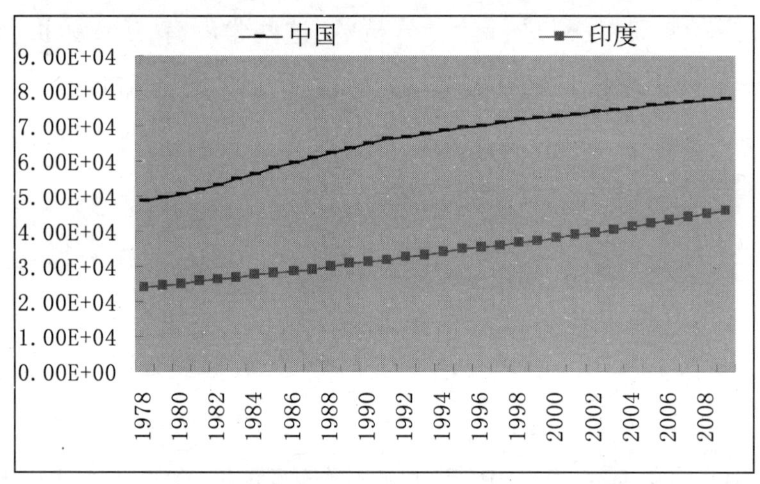

图3.3　中国和印度1978－2009年就业人员曲线

中国自1980年以来开始实行计划生育政策,这使得中国1978－2009年人口总数平均每年增长率远远低于印度,从而导致1978－2009年中国就业人员数量增长速度低于印度。由于1978－1992年,中国的人口增长速度只是略低于印度(中国的人口增长速度是1.48%,印度的人口增长速度是2.02%),再加上中国从1978年实行改革开放政策以来,对劳动力的需求较快,而印度实行改革政策是在1991年,所以这就不难解释1978－1992年中国的就业人员数量增长速度快于印度。而1992－2009年,中国的人口增长速度快于印度

（中国的人口增长速度是0.69%，印度的人口增长速度是1.69%），再加上印度于1991年开始实行改革政策，对劳动力的需求也较快，因此，这也不难解释1992－2009年印度的就业人员数量增长速度快于中国。

（三）中国和印度经济增长中物质资本投入测量

物质资本投入对经济增长具有至关重要的作用，对物质资本投入的测量也显得非常重要，物质资本投入是存量概念，所以用物质资本存量来衡量物质资本投入。但是目前由于世界上绝大多数国家都没有现成的物质资本存量的资料，所以对物质资本存量的测量方法也是许多学者的研究课题。

目前，国际上最有名的物质资本存量度量方法是戈德斯密斯（Godsmith，1951）提出来的"永续盘存法"和乔根森（Jorgenson）的"资本租赁价格度量法"。由于中国和印度相关统计资料的缺失，所以无法直接用乔根森的"资本租赁价格度量法"来估计中国和印度物质资本存量。因此采用戈德斯密斯的"永续盘存法"来估计中国和印度物质资本存量是一个比较现实的方法。

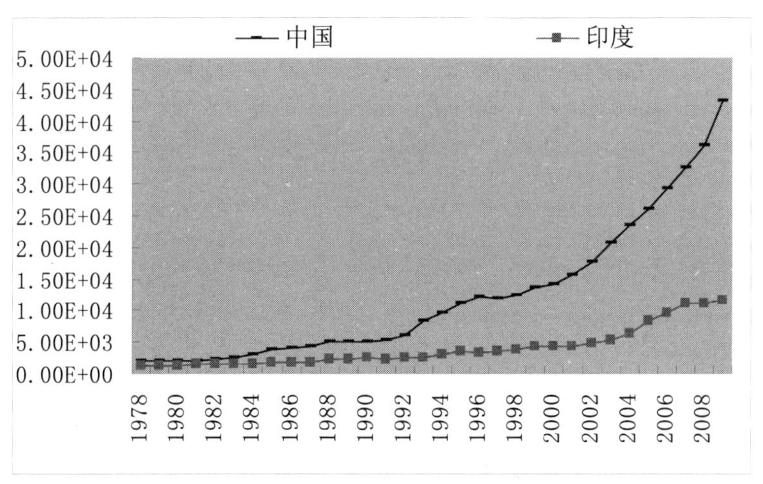

图3.4　中国和印度1978－2009年物质资本投资曲线

利用“永续盘存法”估计物质资本存量数据主要涉及到物质基期资本存量的计算、折旧率的选择和投资平减问题。通过 Heston, Summers 和 Aten 的 PWT7.0 数据库可以得到中国和印度 GDP 数据和投资占 GDP 的比重数据,然后通过中国和印度 GDP 乘以投资占 GDP 的比重得到中国和印度不变价格的物质资本投资序列数据。利用[3.1]式可以计算出中国和印度不变价格的物质资本存量数据。

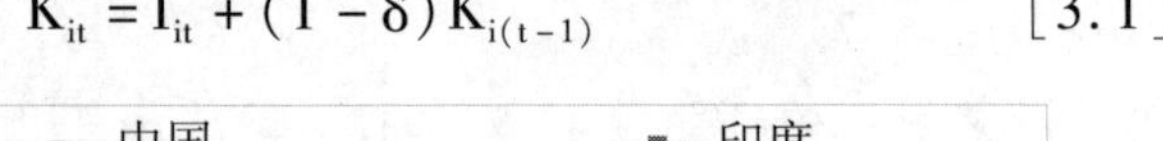

$$K_{it} = I_{it} + (1-\delta)K_{i(t-1)} \qquad [3.1]$$

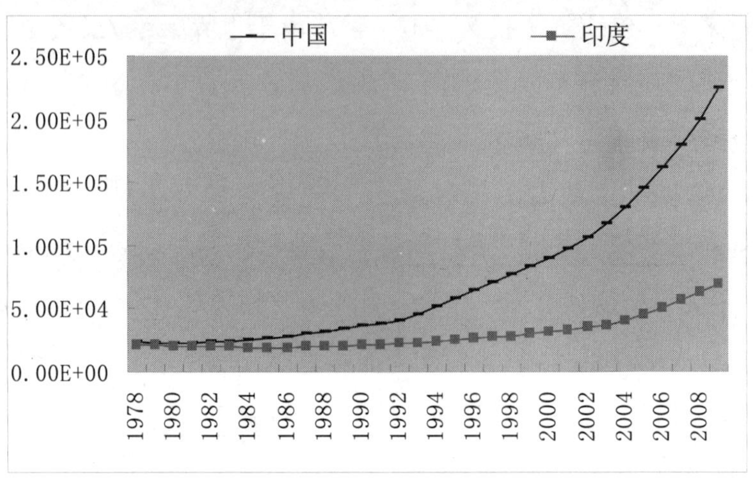

图 3.5　中国和印度 1978－2009 年物质资本存量曲线

K_{it}是中国和印度第 t 期的物质资本存量,δ 是折旧率,I_{it}是中国和印度第 t 期的物质资本投资额。我们假定中国和印度的物质资本折旧率是 0.09,并且假定中国基期(也就是 1978 年)物质资本存量是 1978 年 GDP 的 4.5 倍,印度基期(也就是 1978 年)物质资本存量是 1978 年 GDP 的 3.2 倍,这样可以得出中国基期物质资本存量是 23700 亿美元左右,印度基期物质资本存量是 21800 亿美元左右。根据“永续盘存法”可以估算出中国和印度 1978－2009 年物质资本存量数据(中国和印度物质资本投资、物质资本存量、物质资本投资－GDP 比率以及物质资本存量－GDP 比率见附表 4－附表 7 和图 3.4－图 3.7)。

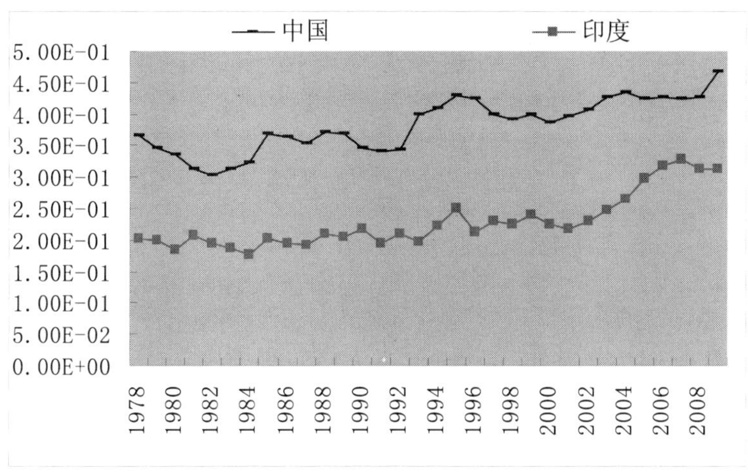

图 3.6　中国和印度 1978－2009 年物质资本投资－GDP 比率

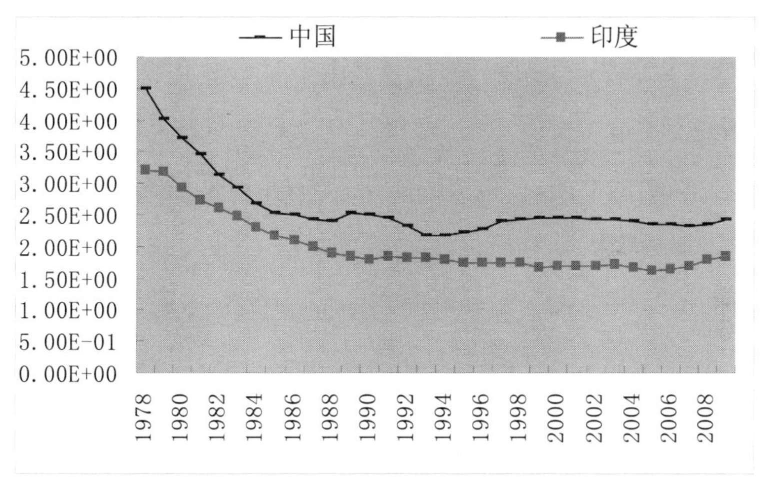

图 3.7　中国和印度 1978－2009 年物质资本存量－GDP 比率

从附表4 和图 3.4 中可以看出，在 1978 年，中国和印度物质资本投资相差不大，中国的物质资本要高一些，中国的物质资本投资额是 1930 亿美元左右，印度的物质资本投资额是 1370 亿美元左右。但是到了 2009 年，中国和印度物质资本投资就有了较大差距，中国的物质资本投资额是 43300 亿美元左右，印度的物质资本投资额是 11700 亿美元左右，中国的物质资本投资额几乎是印度的四倍。从增长速度来看,1978 - 1992 年,中国物质资本投资额平均每年增长8.50%,印度物质资本投资额平均每年增长 4.57%,1992 - 2009 年,中国物质资本投资额平均每年增长 12.30%,印度物质资本投资额平均每年增长 9.35%,在整个 1978 - 2009 年,中国物质资本投资额平均每年增长 10.6%,印度物质资本投资额平均每年增长 7.16%,中国物质资本投资额平均每年增长速度在各个时期都要大大快于印度。这主要是由于制造业产值增长在中国经济增长中占有很大的比重,而与之形成鲜明对比的是服务业产值增长在印度经济增长中占有很大的比重,制造业需要大量的物质资本投入,而服务业则不需要大量的物质资本投入,因此中国的物质资本投资年平均增长率要大大高于印度。但是,我们也发现,中国和印度物质资本投资增长速度在 1978 - 1992 年时期段要快于 1992 - 2009 年时期段。这主要是由于邓小平 1992 年南巡讲话以后,中国经济加速增长,印度自从 1991 年实行改革政策以来,经济增长速度也在加快,因此中国和印度1992 - 2009年时期段物质资本投资增长速度也相应加快。

从附表 5 和图 3.5 中可以看到,在 1978 年,中国和印度物质资本存量相差不大,中国的物质资本存量要高一些,中国的物质资本存量是 23700 亿美元左右,印度的物质资本投资额是 21800 亿美元左右。但是到了 2009 年,中国和印度物质资本投资就有了较大差距,中国的物质资本存量是 225000 亿美元左右,印度的物质资本存量是 69000 亿美元左右,中国的物质资本存量是印度的三倍多。从增长速度来看,1978 - 1992 年,中国物质资本存量平均每年增长 3.97%,印度物质资本存量平均每年增长 0.13%,1992 - 2009 年,中国物质资本存量平均每年增长 10.50%,印度物质资本存量平均每年增长 6.90%,在整个 1978 - 2009 年,中国物质资本存量平均每年增长 7.53%,印度物质资本存量平均每年增长 3.79%,中国物质资本存量平均每年增长速度在各个时期都要大大快于印度,并且中国和印度物质资本存量平均每年增长速度在 1978 – 1992 年时期段要快于 1992 – 2009年时期段。其中的原因与前述分析研究是一致的。

从附表6 – 附表7 和图 3.6 – 3.7 中可以看出,1978 – 2009 年中国和印度物质资本投资 – GDP 比率在逐年提高,并且中国物质资本投资 – GDP 比率要远远高于印度。主要原因是中国和印度物质资本投资平均增长速度都要大于 GDP 增长速度,并且中国物质资本投资增长速度相对更快一些。1978 – 2009 年中国和印度物质资本存量 – GDP 比率在逐年下降,并且中国物质资本存量 – GDP 比率要远远高于印度。主要原因是中国和印度物质资本利用效率在提高,这样物质资本存量 – GDP 比率就在逐年降低,但是中国物质资本利用效率要低于印度,因此,中国物质资本存量 – GDP 比率要远远高于印度

二、产出和要素投入相关计量分析

中国和印度总产出与就业人员数和物质资本存量之间究竟存在什么样的关系,是一个值得讨论的话题。本节通过单整和协整分析检验这些变量是否存在长期均衡关系,通过基于向量自回归模型的方差分解模型分析中国和印度就业人员数和物质资本投入对总产出的影响,通过 Granger 因果关系检验进一步分析中国和印度就业人员数和物质资本存量与总产出之间的因果关系。用 Y_C、Y_I、Y_R和 Y_B 代表中国和印度的总产出,用 $X1_C$、$X1_I$、$X1_R$和 $X1_B$ 代表中国和印度的就业人员数,用 $X2_C$、$X2_I$、$X2_R$和 $X2_B$ 代表中国和印度的物质资本存量,中国和印度总产出数据、就业人员数据和物质资本存量数据来源与第一节中的数据来源相同,都来源于 Heston, Summers 和 Aten 的 PWT 7.0 数据库(见附表1 – 3)。同时根据研究的需要,将上述变量采取对数的形式。

（一）单整和协整分析

1. 单整分析

Granger（1974）证明，对两个没有任何关系的非平稳变量分析可能会得出具有显著相关性的结论，而这样的结论毫无意义，即使在某种关系确实存在的情况下，也会产生"伪回归的问题"。非平稳的时间序列破坏了经典计量分析的基础和有效性，所以在对变量进行协整分析之前，必须对变量进行平稳性检验，即单位根检验。我们采用 ADF 检验方法，该方法的具体模型形式为：

$$\Delta y_t = \beta_1 + \beta_2 t + (\rho - 1) y_{t-1} + \sum_{i=1}^{m} \delta_i \Delta y_{i-1} + \varepsilon_t \qquad [3.2]$$

其中，ε_t 为白噪声，Δ 为差分算子，β_1 为常数项，β_2 为趋势项系数，δ_i 为不同滞后期的差分系数。原假设 $H_0: \rho = 1$，表示$\{y_t\}$有一个单位根，即$\{y_t\}$非平稳，但是它经过 d 阶差分后变得平稳。我们称$\{y_t\}$是 d 阶单整的，记为 I(d)。检验结果如表 3.1－表 3.2 所示：

表 3.1　变量 Y_C、$X1_C$ 和 $X2_C$ 单位根的 ADF 检验表（中国数据）

变量	检验类型	检验值	各显著性水平下的临界值			检验结果
			1%	5%	10%	
LNY_C	(C,0,0)	1.23	-4.36	-3.60	-3.23	非平稳
$LNX1_C$	(C,T,0)	0.86	-4.36	-3.60	-3.23	非平稳
$LNX2_C$	(C,0,3)	3.37	-3.75	-2.99	-2.64	非平稳
$\triangle LNY_C$	(C,0,1)	-0.31	-3.74	-2.99	-2.63	非平稳
$\triangle LNX1_C$	(C,T,4)	-2.17	-4.46	-3.64	-3.26	非平稳
$\triangle LNX2_C$	(C,0,0)	-1.89	-3.72	-2.98	-2.63	非平稳
$\triangle^2 LNY_C$	(C,0,0)	-9.07	-3.74	-2.99	-2.63	平稳
$\triangle^2 LNX1_C$	(C,0,0)	-8.62	-3.73	-2.99	-2.63	平稳
$\triangle^2 LNX2_C$	(C,0,2)	-4.80	-3.86	-3.04	-2.66	平稳

注：检验类型（C,T,K）分别表示单位根检验方程包括常数项、时间趋势项和滞后阶数，括号中为 0 则表示不包括这一项，△为一阶差分算子，$\triangle^2$ 为二阶差分算子，表 3.2、表 3.3 和表 3.4 与此相同。

表 3.2　变量 Y_I、$X1_I$ 和 $X2_I$ 单位根的 ADF 检验表(印度数据)

变量	检验类型	检验值	各显著性水平下的临界值			检验结果
			1%	5%	10%	
LNY_C	(C,0,0)	4.60	-3.71	-2.98	-2.62	非平稳
$LNX1_C$	(0,0,0)	38.62	-2.66	-1.95	-1.61	非平稳
$LNX2_C$	(0,0,4)	4.39	-2.67	-1.96	-1.61	非平稳
$\triangle LNY_C$	(0,0,0)	0.34	-2.67	-1.96	-1.61	非平稳
$\triangle LNX1_C$	(0,0,2)	1.95	-2.67	-1.96	-1.61	非平稳
$\triangle LNX2_C$	(0,0,4)	0.33	-2.68	-1.96	-1.61	非平稳
$\triangle^2 LNY_C$	(0,0,1)	-6.44	-2.67	-1.96	-1.61	平稳
$\triangle^2 LNX1_C$	(0,0,1)	-7.06	-2.67	-1.96	-1.61	平稳
$\triangle^2 LNX2_C$	(0,0,3)	-6.71	-2.68	-1.96	-1.61	平稳

从表 3.1 - 表 3.2 可以看出,各变量在 5% 显著性水平下都是非平稳时间序列,并且表 3.1 - 表 3.2 中变量的二阶差分序列都是平稳时间序列,因此表 3.1 - 表 3.2 中变量是二阶单整时间序列, 可以对它们进行协整检验。

2. 协整分析

如前所述,表 3.1 - 表 3.2 中的变量虽然都是非平稳时间序列,但是经过差分以后这些变量都是平稳时间序列,根据 Engle 和 Granger(1987)提出的协整理论及其方法,虽然一些经济变量本身是非平稳的时间序列,但是它们的线性组合却有可能是平稳的时间序列,所以它们可能存在某种平稳的线性组合,这个线性组合反映了变量之间存在长期稳定的关系,即协整关系。我们使用 Johansen 极大似然法对多变量时间序列进行协整检验,对这些变量的滞后 1 期的 Johansen 协整检验结果如表 3.3 - 表 3.4 所示:

表 3.3　　　最大特征统计量检验结果(中国)

原假设	特征值	最大特征统计量	0.05 临界值	P 值
没有协整关系	0.6026	23.0745	21.1316	0.0263
最多一个协整关系 *	0.3937	12.5129	14.2646	0.0928
最多两个协整关系	0.2200	6.2132	3.8414	0.0127

注:* 代表在 0.05 显著性水平下拒绝原假设;P 值代表 MacKinnon - Haug - Michelis (1999) p - values,表 3.4 与此相同。

表 3.3 中,第一行原假设认为,三个变量之间不存在协整关系,第二行原假设认为,三个变量之间最多存在一个协整关系,第三行原假设认为,三个变量之间最多存在两个协整关系。以 5% 检验水平判断,因为最大特征统计量有 23.07 > 21.13, 12.51 < 14.26, 6.21 > 3.84,所以第一和第三个原假设被拒绝,第二个原假设被接受,表明三个变量之间存在着一个协整关系。通过协整检验我们还可以得出三个变量标准化的协整向量系数,LNY_C、$LNX1_C$ 和 $LNX2_C$ 的系数为 1、0.86 和 0.80,则三个变量间的长期均衡方程为下式所示:

$$LNY_C = C + 0.86LNX1_C + 0.80LNX2_C \quad [3.3]$$ ①

长期均衡方程[3.3]式表明了,中国 GDP(LNY_C)与就业人员数($LNX1_C$)和物质资本存量($LNX2_C$)之间存在长期均衡关系。

表 3.4　　　最大特征统计量检验结果(印度)

原假设	特征值	最大特征统计量	0.05 临界值	P 值
没有协整关系	0.5126	32.4010	29.7970	0.0245
最多一个协整关系 *	0.3101	14.4337	15.4947	0.0718
最多两个协整关系	0.1862	5.1531	3.8414	0.0232

① EViews6.0 软件并且未给出常数项 C 的具体数值。

同理按照上述分析方法，表3.4中，三个变量之间都存在着一个协整关系，并且通过协整检验还可以得出九个变量标准化的协整向量系数，LNY_I、$LNX1_I$ 和 $LNX2_I$ 的系数为1、14.39和5.44，LNY_R、$LNX1_R$ 和 $LNX2_R$ 的系数为1、20.67和0.01，LNY_B、$LNX1_B$ 和 $LNX2_B$ 的系数为1、1.95和0.11。印度总产出与就业人员数和物质资本存量之间存在长期均衡方程分别是：

$$LNY_I = C + 14.39LNX1_I + 5.44LNX2_I \qquad [3.4]$$

这个长期均衡方程表明了印度总产出与就业人员数和物质资本存量之间存在长期均衡关系。

（二）基于向量自回归模型的脉冲响应模型分析

每个变量都对其他变量起作用时适用于向量自回归模型，但是对单个参数估计值的解释是很困难的，所以要进行基于向量自回归模型的脉冲响应函数分析和基于向量自回归模型的方差分解模型。脉冲响应函数刻画了内生变量对误差变化大小的反映，具体来说，它刻画的是，在扰动项加上一个标准差大小的冲击，对内生变量的当期值和未来值所带来的影响。我们对变量中国总产出和印度总产出进行的脉冲响应函数分析结果如表3.5和表3.6所示：

表3.5　　中国总产出的脉冲响应分析结果

时期	LNY	LNL	LNK
1	0.025409	2.95E-05	0.005065
2	0.035680	-7.79E-06	0.013484
3	0.034116	0.000269	0.020389
4	0.026422	0.000796	0.023220
5	0.018723	0.001365	0.022382
6	0.014652	0.001794	0.019862
7	0.014661	0.002011	0.017651

续表

时期	LNY	LNL	LNK
8	0.017104	0.002048	0.016797
9	0.019860	0.001989	0.017285
10	0.021524	0.001915	0.018476
11	0.021777	0.001871	0.019655
12	0.021095	0.001859	0.020397
13	0.020200	0.001862	0.020647
14	0.019624	0.001857	0.020596
15	0.019532	0.001834	0.020488
16	0.019795	0.001793	0.020489
17	0.020170	0.001743	0.020636
18	0.020460	0.001694	0.020875
19	0.020588	0.001653	0.021123
20	0.020585	0.001620	0.021320

表3.5反映的是短期内(20期)给中国总产出(INY)、就业人员数(INL)和物质资本存量(INK)一个冲击后,中国总产出(INY)的响应情况和路径。从表中我们可以看到,中国总产出对自身的响应最大,并且呈现出递减趋势;中国总产出对就业人员数的响应也比较小,并且也呈递减趋势;中国总产出对物质资本存量的响应比较大,并且呈现出递增趋势。

表3.6　　　　印度总产出的脉冲响应分析结果

时期	LNY	LNL	LNK
1	0.027165	0	0
2	0.029812	0.010377	-0.000530
3	0.021772	0.008428	-0.000120
4	0.017826	0.006952	0.000956
5	0.016637	0.006765	0.001920

续表

时期	LNY	LNL	LNK
6	0.016348	0.006978	0.002608
7	0.016354	0.007238	0.003091
8	0.016529	0.007493	0.003445
9	0.016835	0.007752	0.003720
10	0.017240	0.008021	0.003945
11	0.017717	0.008300	0.004139
12	0.018250	0.008590	0.004314
13	0.018827	0.008890	0.004478
14	0.019441	0.009200	0.004637
15	0.020086	0.009521	0.004795
16	0.020761	0.009853	0.004953
17	0.021463	0.010196	0.005114
18	0.022193	0.010550	0.005279
19	0.022950	0.010917	0.005449
20	0.023733	0.011295	0.005624

表3.6反映的是短期内(20期)给印度总产出(LNY)、就业人员数(LNL)和物质资本存量(LNK)一个冲击后,印度总产出(LNY)的响应情况和路径。从表中我们可以看到,印度总产出对自身的响应最大,并且在短期呈现出递减趋势,在长期呈现出递增趋势;印度总产出对就业人员数的响应也比较大,并且呈现出递增趋势;印度总产出对物质资本存量的响应比较小,并且呈现出递增趋势。

(三)基于向量自回归模型的方差分解模型分析

如前所述,中国和印度就业人员数和物质资本存量与总产出之间存在着长期均衡关系,但是中国和印度就业人员数和物质资本存量是如何影响总产出的,本部分通过基于向量自回归模型的方差分解模型分析中国和印度就业人员数和物质资本投入对总产出的影响。对中国和印度总产出的方差分解结果如表3.7－表3.8。

表3.7　　　　中国总产出的方差分解结果

时期	标准差	LNY	LNL	LNK
1	0.025409	100	0	0
2	0.045096	94.34710	0.010512	5.642383
3	0.058970	88.64342	0.456726	10.89986
4	0.066928	84.40204	1.725267	13.87270
5	0.071157	81.59276	3.549118	14.85812
6	0.073739	79.92572	5.285433	14.78885
7	0.075914	79.14268	6.490259	14.36706
8	0.078369	79.02469	7.120431	13.85488
9	0.081382	79.23593	7.359308	13.40476
10	0.084802	79.41700	7.440730	13.14227
11	0.088262	79.39946	7.542019	13.05853
12	0.091488	79.21589	7.734851	13.04926
13	0.094407	78.97163	8.001364	13.02701
14	0.097091	78.75120	8.285784	12.96302
15	0.099655	78.59211	8.540190	12.86770
16	0.102191	78.49225	8.744332	12.76342
17	0.104739	78.42792	8.902949	12.66913
18	0.107294	78.37293	9.033091	12.59398
19	0.109829	78.31136	9.151682	12.53696
20	0.112316	78.24023	9.268507	12.49126

表3.8　　　　印度总产出的方差分解结果

时期	标准差	LNY	LNL	LNK
1	0.027165	100	0	0
2	0.041649	93.77637	6.207390	0.016238
3	0.047747	92.14776	7.839240	0.012997

续表

时期	标准差	LNY	LNL	LNK
4	0.051447	91.37584	8.578446	0.045718
5	0.054525	90.65896	9.176378	0.164658
6	0.057408	89.88992	9.755141	0.354938
7	0.060209	89.09998	10.31383	0.586192
8	0.062979	88.32290	10.84212	0.83498
9	0.065755	87.57795	11.33601	1.086044
10	0.068563	86.87469	11.79527	1.330043
11	0.071420	86.21721	12.22113	1.561659
12	0.074339	85.60636	12.61541	1.778227
13	0.077329	85.04108	12.98016	1.978759
14	0.080398	84.51922	13.31751	2.163277
15	0.083552	84.03807	13.62956	2.332376
16	0.086796	83.59471	13.91833	2.486957
17	0.090135	83.18624	14.18571	2.628054
18	0.093574	82.80981	14.43345	2.756739
19	0.097117	82.46278	14.66316	2.874061
20	0.100768	82.14267	14.87632	2.981014

从表3.7－表3.8可以看到，中国和印度的总产出变动在短期基本上被产出自身所解释，但是在长期被就业人员数和物质资本存量所解释的部分越来越多，而被产出自身所解释部分越来越少，我们只选择20期，随着时期的加长，中国和印度总产出变动可能大部分被就业人员数和物质资本存量所解释。这说明了总产出变动在短期内受自身增长惯性影响较大，在长期受就业人员数和物质资本存量影响较大。但是中国总产出被物质资本存量所解释的部分比较多，而被就业人员数所解释的部分比较少，印度总产出被物质资本存量所解释的部分比较少，而被就业人员数所解释的部分比较多。这反映

出中国经济增长受物质资本投资的影响比较大,而印度经济增长受就业人员的影响比较大。

(四)Granger 因果关系检验

方差分解模型可以分析变量之间的相互影响,但是不能说明变量之间的因果关系,Granger 因果关系检验可以分析变量之间的因果关系,所以本书采用 Granger 因果关系检验进一步分析中国和印度就业人员数和物质资本存量与总产出之间的因果关系(检验结果见表3.9－表3.10)。

表 3.9　中国就业人员数和物质资本存量与总产出之间因果关系检验结果

滞后期	原假设	观察值	F 统计量	P 值
1	LNL 不是导致 LNY 的 Granger 原因	26	3.05	0.09*
	LNK 不是导致 LNY 的 Granger 原因		0.01	0.93
2	LNL 不是导致 LNY 的 Granger 原因	25	4.16	0.03**
	LNK 不是导致 LNY 的 Granger 原因		1.84	0.18
3	LNL 不是导致 LNY 的 Granger 原因	24	3.12	0.05**
	LNK 不是导致 LNY 的 Granger 原因		4.19	0.02**
4	LNL 不是导致 LNY 的 Granger 原因	23	3.48	0.03**
	LNK 不是导致 LNY 的 Granger 原因		5.61	0.01***

(注:*表示在10%显著性水平下通过 Granger 因果关系检验,**表示在5%显著性水平下通过 Granger 因果关系检验,***表示在1%显著性水平下通过 Granger 因果关系检验,表3.10与此相同。

表 3.10　印度就业人员数和物质资本存量与总产出之间因果关系检验结果

滞后期	原假设	观察值	F 统计量	P 值
1	LNL 不是导致 LNY 的 Granger 原因	26	6.56	0.02**
	LNK 不是导致 LNY 的 Granger 原因		0.70	0.41
2	LNL 不是导致 LNY 的 Granger 原因	25	3.20	0.06*
	LNK 不是导致 LNY 的 Granger 原因		0.03	0.97

续表

滞后期	原假设	观察值	F 统计量	P 值
3	LNL 不是导致 LNY 的 Granger 原因	24	5.40	0.01***
	LNK 不是导致 LNY 的 Granger 原因		0.11	0.95
4	LNL 不是导致 LNY 的 Granger 原因	23	5.71	0.01***
	LNK 不是导致 LNY 的 Granger 原因		0.53	0.72

从表 3.9 可以看到，在 0.05 显著性水平下，滞后期为 1 期到 4 期，中国就业人员数是总产出变动的 Granger 因果关系原因，表明不管是在短期还是在长期中国就业人员数都是总产出变动的 Granger 因果关系原因，并且越是在长期这种因果关系越强。滞后期为 1 期和 2 期中国物质资本存量不是总产出变动的 Granger 因果关系原因，滞后期为 3 期和 4 期中国物质资本存量是总产出变动的 Granger 因果关系原因，表明在短期中国物质资本存量不是总产出变动的 Granger 因果关系原因，在长期中国物质资本存量是总产出变动的 Granger 因果关系原因，也说明了中国物质资本存量对产出的影响具有滞后性。

从表 3.10 可以看到，在 0.05 显著性水平下，滞后期为 1 期到 4 期，印度就业人员数是总产出变动的 Granger 因果关系原因，但是印度物质资本存量不是总产出变动的 Granger 因果关系原因，表明了无论在短期还是长期，印度就业人员数是总产出变动的 Granger 因果关系原因，但是印度物质资本存量不是总产出变动的 Granger 因果关系原因。这说明了就业人员数对印度经济增长的影响比较大，而物质资本存量对经济增长的影响比较小，这与前述研究结果是相吻合的。

第四章　中国和印度经济增长源泉分析

本章运用索罗余值核算方法(SRA)、基于随机前沿生产函数分析方法(SFA)和基于DEA模型的Malmquist指数分解方法对中国和印度经济增长的源泉进行分解,相应的本章节分三节来展开研究,每一节首先是研究方法,其次是计量分析过程,最后是研究结论。

一、基于SRA模型的中国和印度经济增长源泉分析

SRA模型是测量一个或者多个经济体经济增长源泉常用的方法,本节运用SRA模型测量中国和印度经济增长源泉,即测量要素投入和全要素生产率对中国和印度经济增长的贡献。

(一)研究方法

索罗余值核算方法(SRA)最初是由索罗(Robert M. Solow)于1957年提出的,后来的学者们将其改进成新古典模型用来研究一个或者多个经济体的经济增长源泉测算。关于具体生产函数形式方面,目前常用的主要有两种生产函数形式,分别是柯布-道格拉斯生产函数形式和超越对数生产函数形式。这里采用的生产函数形式是柯布-道格拉斯生产函数形式,之所以选择这种生产函数形式是由于与超越对数生产函数模型相比,柯布-道格拉斯生产函数模型数

据拟合的效果较好,并且可以避免超越对数模型中可能存在的变量之间的多重共线性。其模型形式为:

$$Y_t = A_t K_t^{\alpha} H_t^{\beta} e^{u_t} \qquad [4.1]$$

其中:Y_t 代表 t 时期的国民生产总值,A_t 代表技术水平的参数,K_t 代表 t 时期物质资本投入,H_t 代表 t 时期就业人员投入,α、β 分别代表物质资本投入和就业人员投入的产出弹性,u_t 代表随机误差项。对上式两边取对数形式可以得到:

$$\mathrm{In}Y_t = \mathrm{In}A_t + \alpha \mathrm{In}K_t + \beta \mathrm{In}H_t + u_t \qquad [4.2]$$

利用上式,采用最小二乘法(OLS)可以估计出上式中的参数 α 和 β 值(用 $\hat{\alpha}$ 和 $\hat{\beta}$ 表示)。利用 $\hat{\alpha}$ 和 $\hat{\beta}$ 值,我们可以求出物质资本投入和就业人员投入对产出增长的贡献份额和贡献率。再对上式两端求关于时间 t 的全导数可以得到:

$$\frac{\dot{Y}_t}{Y_t} = \frac{\dot{A}_t}{A_t} + \alpha\frac{\dot{K}_t}{K_t} + \beta\frac{\dot{H}_t}{H_t} \qquad [4.3]$$

上式表示国民生产总值增长率等于物质资本投入和就业人员投入增长率乘以各自的产出弹性系数,再加上全要素增长率。并且上式中的符号“·”近似地等于每年,所以在此基础上,可以将上式变为差分方程:

$$\frac{\Delta Y_t}{Y_t} = \frac{\Delta A_t}{A_t} + \alpha\frac{\Delta K_t}{K_t} + \beta\frac{\Delta H_t}{H_t} \qquad [4.4]$$

上式就可以表示国民生产总值年均增长率等于物质资本投入和就业人员投入年均增长率乘以各自的产出弹性系数,再加上全要素年均增长率。在此基础上,将通过最小二乘法估计出的 $\hat{\alpha}$ 和 $\hat{\beta}$ 代入上式,可以得到:

$$\frac{\Delta Y_t}{Y_t} = \frac{\Delta A_t}{A_t} + \hat{\alpha}\frac{\Delta K_t}{K_t} + \hat{\beta}\frac{\Delta H_t}{H_t} \qquad [4.5]$$

上式为经济增长速度方程(简称经济增速方程),式中 $\hat{\alpha}\frac{\Delta K_t}{K_t}$ 和 $\hat{\beta}\frac{\Delta H_t}{H_t}$ 即为所求的物质资本投入和就业人员投入对产出增长的贡献份额,而 $\frac{\hat{\alpha}\frac{\Delta K_t}{K_t}}{\frac{\Delta Y_t}{Y_t}}$ 和 $\hat{\beta}\frac{\frac{\Delta H_t}{H_t}}{\frac{\Delta Y_t}{Y_t}}$ 即为所求的物质资本投入和就业人员投入对总产出增长的贡献率。同时还可以得到全要素生产率(TFP)对产出增长的贡献份额和贡献率分别为:

$$\frac{\Delta A_t}{A_t}=\frac{\Delta Y_t}{Y_t}-\hat{\alpha}\frac{\Delta K_t}{K_t}-\hat{\beta}\frac{\Delta H_t}{H_t} \qquad [4.6]$$

$$\frac{\frac{\Delta A_t}{A_t}}{\frac{\Delta Y_t}{Y_t}}=\frac{1-\hat{\alpha}\frac{\Delta K_t}{K_t}}{\frac{\Delta Y_t}{Y_t}}-\hat{\beta}\frac{\frac{\Delta H_t}{H_t}}{\frac{\Delta Y_t}{Y_t}} \qquad [4.7]$$

(二)计量分析过程

通过 Chow 分割点检验(Chow Breakpoint Test)可以证明,1992 年可以作为分割点,这样可以将总体时间段分成 1978 - 1992 年和 1992 - 2009年两个时间段来研究,利用索罗余值核算方法(SRA)的估计结果如表4.1 所示。

表4.1　　索罗余值核算方法(SRA)的估计结果

国家	变量	回归系数	标准化系数	T 统计量	P 统计量	R^2 和 F 统计量
中国	常数	-23.735		-5.109	0.000	$R^2=0.998$
	LNH	1.668	0.357	5.779	0.000	F = 3764
	LNK	0.673	0.649	14.476	0.000	
印度	常数	-17.994		-6.816	0.000	$R^2=0.996$
	LNH	2.086	0.780	8.952	0.000	F = 3047
	LNK	0.194	0.220	2.521	0.019	

可以看出模型拟合的非常好，各自变量的回归系数也具有经济意义，各个国家常数的回归系数代表意义不大，各个国家变量 LNH 和 LNK 的回归系数代表就业人员数和物质资本存量的产出弹性系数。但是由于各自变量的单位不同，由此得到的回归系数也就有不同的量纲，因此如果直接采用回归系数则难以消除单位的影响，所以我们采用标准化回归系数值。我们将估计出的标准化系数代入经济增速方程[4.5]式中，可以得到中国和印度经济增速方程（如下所示）：

$$\frac{\Delta Y_t}{Y_t}=\frac{\Delta A_t}{A_t}+0.357\frac{\Delta H_t}{H_t}+0.649\frac{\Delta K_t}{K_t}\text{（中国）}\qquad [4.8]$$

$$\frac{\Delta Y_t}{Y_t}=\frac{\Delta A_t}{A_t}+0.780\frac{\Delta H_t}{H_t}+0.220\frac{\Delta K_t}{K_t}\text{（印度）}\qquad [4.9]$$

在此基础上再计算出中国和印度就业人员数、物质资本存量和全要素生产率在 1978－1992 年、1992－2009 年和 1978－2009 年时期段的年平均增长率和对经济增长的贡献率（如表 4.2 所示）。

表 4.2　中国和印度要素投入和全要素生产率的增长率及其对经济增长的贡献率　　单位：(%)

国家	时期段	增长率				贡献率		
		A	GDP	H	K	A	H	K
中国	1978－1992	5.59	9.00	2.32	3.97	62.17	9.20	28.63
	1992－2009	2.90	10.03	0.88	10.50	28.93	3.13	67.94
	1978－2009	4.26	9.69	1.53	7.53	43.93	5.64	50.43
印度	1978－1992	2.54	4.26	2.17	0.13	59.60	39.73	0.67
	1992－2009	3.73	6.83	2.03	6.90	54.59	23.18	22.23
	1978－2009	3.20	5.66	2.09	3.79	56.47	28.8	14.73

注：A 指的是全要素生产率。

从增长率一栏来看,GDP 年平均增长率方面,可以看到中国 GDP 年平均增长率在各时期段都超过了 9.0%,大大高于印度 GDP 在相应各时期段年平均增长率,表明改革开放以来,中国经济保持了高速增长的态势。而中国在 1978－1992 年时期段 GDP 年平均增长率是 9.0%,在 1992－2009 年时期段 GDP 年平均增长率是 10.03%,1992－2009年时期段还略高于 1978－1992 年时期段,显示出中国经济呈现出加速增长的趋势,印度在 1978－2009 年时期段 GDP 年平均增长率是 5.66%,在 1978－1992 年时期段 GDP 年平均增长率是 4.26%,在 1992－2009 年时期段 GDP 年平均增长率是 6.83%,1992－2009年时期段 GDP 年平均增长率高于 1978－1992 年时期段,但是印度经济增长速度还是大大低于中国同期年平均增长率。不过中国和印度的经济增长速度要大大快于同期世界上其他几个经济大国。

就业人员数年平均增长率方面,中国和印度的就业人员数年平均增长率在各时期段都比较低,中国在 1978－1992 年时期段,就业人员数年平均增长率是 2.32%,1992－2009 年时期段,就业人员数年平均增长率是 0.88%,在整个 1978－2009 年时期段,就业人员数年平均增长率是 1.53%。印度在 1978－1992 年时期段,就业人员数年平均增长率是 2.17%,1992－2009 年时期段,就业人员数年平均增长率是 2.03%,在整个 1978－2009 年时期段,就业人员数年平均增长率是 2.09%。可以看出,在 1978－1992 年时期段,中国就业人员数年平均增长率要高于印度,但是在 1992－2009 年时期段以及在整个 1978－2009 年时期段,中国就业人员数年平均增长率都要慢于印度。

物质资本存量方面,中国物质资本存量年平均增长率在各时期段也大大高于印度。中国在 1978－1992 年时期段,物质资本存量年平均增长率是3.97%，1992－2009年时期段，物质资本存量年平均增长率是10.50%，在整个1978－2009年时期段，物质资本存量年平均增长率是7.53%。印度在1978－1992年时期段，物质资本存量年平均增长率是0.13%，1992－2009年时期段，物质资本存量年平均增长率是6.90%，在整个1978－2009年时期段，物质资本存量年平均增长率是3.79%。从中也可以看出，中国和印度在1992－2009年时期段物质资本存量年平均增长率都要高于1978－1992年时期段。

全要素生产率方面，中国和印度的全要素生产率增长率在各个时期段增长情况有较大的不同。中国在1978－1992年时期段，全要素生产率增长率年平均增长率是5.59%，1992－2009年时期段，物质资本存量年平均增长率是2.90%，在整个1978－2009年时期段，物质资本存量年平均增长率是4.26%。印度在1978－1992年时期段，物质资本存量年平均增长率是2.54%，1992－2009年时期段，物质资本存量年平均增长率是3.73%，在整个1978－2009年时期段，物质资本存量年平均增长率是3.20%。从中可以看出，中国1978－1992年时期段全要素生产率增长率要高于1992－2009年时期段。印度1978－1992年时期段全要素生产率增长率要低于1992－2009年时期段。说明了印度在九十年代以后在技术进步和效率提高等方面要好于中国。但是利用索罗余值核算方法（SRA）不能将全要素生产率作出进一步分析，因此还需要利用随机前沿生产函数分析（SFA）方法和基于DEA模型的Malmquist指数分解方法对中印全要素生产率作出进一步分析。

从贡献率一栏来看，就业人员数对经济增长的贡献率方面，中国和印度就业人员数在各时期段对经济增长的贡献率差别较大。中国在1978－1992年时期段，就业人员数对经济增长的贡献率是9.2%，1992－2009年时期段，就业人员数对经济增长的贡献率是3.13%，在整个1978－2009年时期段，就业人员数对经济增长的贡献率是5.64%。印度在1978－1992年时期段，就业人员数对经济增长的贡献率是39.73%，1992－2009年时期段，就业人员数对经济增长的贡献率是23.18%，在整个1978－2009年时期段，就业人员数对经济增长的贡献率是28.8%。从中可以看出，中国就业人员数对经济增长的贡献率在各时期段都比较小，印度就业人员数对经济增长的贡献率在各时期段都比较大，并且中国和印度在1978－1992年时期段就业人员数对经济增长的贡献率都要高于1992－2009年时期段。

物质资本存量对经济增长的贡献率方面，中国和印度物质资本存量在各时期段对经济增长的贡献率差别也较大。中国在1978－1992年时期段，物质资本存量对经济增长的贡献率是28.68%，1992－2009年时期段，物质资本存量对经济增长的贡献率是67.94%，在整个1978－2009年时期段，物质资本存量对经济增长的贡献率是50.53%。印度在1978－1992年时期段，物质资本存量对经济增长的贡献率是0.67%，1992－2009年时期段，物质资本存量对经济增长的贡献率是22.23%，在整个1978－2009年时期段，物质资本存量对经济增长的贡献率是14.73%。从中可以看出，中国物质资本存量在各个时期段对经济增长的贡献率都较大，而印度物质资本存量在各个时期段对经济增长的贡献率都较小。并且中国和印度在1992－2009年时期段物质资本存量对经济增长贡献率都要高于1978－1992年时期段。

全要素生产率对经济增长的贡献率方面，中国和印度全要素生产率对经济增长的贡献率差别也较大。中国在1978－1992年时期段，全要素生产率对经济增长的贡献率是62.17%，1992－2009年时期段，全要素生产率对经济增长的贡献率是28.93%，在整个1978－2009年时期段，全要素生产率对经济增长的贡献率是43.93%。印度在 1978 - 1992 年时期段，全要素生产率对经济增长的贡献率是 59.6%，1992 - 2009 年时期段，全要素生产率对经济增长的贡献率是 54.59%，在整个 1978 - 2009 年时期段，全要素生产率对经济增长的贡献率是 56.47%。从中可以看出，虽然在 1978 - 1992 年时期段，印度全要素生产率对经济增长的贡献率要略低于中国，但是在 1992 - 2009 年时期段以及整个 1978 - 2009 年时期段，印度全要素生产率对经济增长的贡献率都大大高于中国。

值得一提的是，利用索罗增长核算方法（SRA）虽然可以计算出中印 1978 - 1992 年、1992 - 2009 年和 1978 - 2009 年时期段全要素生产率对经济增长的贡献率，但是利用索罗增长核算方法（SRA）无法准确计算出中印 1978 - 2009 年每年全要素生产率对经济增长的贡献率，这主要是因为利用索罗增长核算方法（SRA）只能估计出中印 1978 - 2009 年时期段就业人员数和物质资本存量的产出弹性系数，无法估计出 1978 - 2009 年每年就业人员数和物质资本存量的产出弹性系数。因此要想求出 1978 - 2009 年每年中印全要素生产率在经济增长的作用，必须借助于随机前沿生产函数分析方法（SFA）和基于 DEA 模型的 Malmquist 指数分解方法，本书在后两节将作出进一步分析。

综上所述，在推动中国经济增长的诸多因素中，物质资本存量所占的比重最大，1978 - 2009 年时期段，物质资本存量对中国经济增长的贡献率高达 50.43%；其次是全要素生产率（即技术进步等不能被要素投入解释的部分），它对经济增长的贡献率大约为 44%；最后是就业人员数，它对经济增长的贡献率只有 5.64%。在推动印度经济增长的诸多因素中，全要素生产率所占的比重最大，1978 - 2009 年时期段，全要素生产率对印度国民经济的贡献率高达 56.47%；其次是就业人员数，它对经济增长的贡献率将近 28.8%；最后是物质资本存量,它对经济增长的贡献率为14.73%。

（三）印度经济增长速度落后于中国的原因

从表4.2中的数据我们可以得知,中国在各时期段GDP年平均增长率都要大大高于印度,其中的原因值得我们去分析。我们认为印度经济增长速度落后于中国的原因可能是:

1. 物质资本投资相对缓慢

根据附表4中的数据可以得知,1978年,中国和印度物质资本投资还处于同一起跑线上(中国是1930亿美元,印度是1370亿美元),但是到了1992年,中国的物质资本投资已经是印度的两倍多(中国是6050亿美元,印度是2560亿美元),再到2009年,中国印度物质资本投资已经是印度将近4倍(中国是43300亿美元,印度是11700亿美元)。根据附表5中的数据可以得知,1978年,中国和印度物质资本存量依然处于同一起跑线上(中国是23700亿美元,印度是21800亿美元),但是到了1992年,中国印度物质资本投资已经是印度将近两倍(中国是40900亿美元,印度是22200亿美元),再到2009年中国印度物质资本投资存量已经是印度3倍多(中国是225000亿美元,印度是69000亿美元)。物质资本投资的相对缓慢是导致印度经济增长速度落后于中国的主要原因之一。

2. 印度基础设施建设相对滞后

基础设施对于一个国家或者地区经济社会发展具有重要的作用,抓好了基础设施建设可以促进经济的发展,而基础设施建设滞后则可能成为制约经济发展的瓶颈。经济起飞阶段离不开基础设施建设的助推。我国经济快速发展的一条成功经验就是加快基础设施建设,从而为经济高速增长奠定坚实的基础。但是印度基础设施建设却相对落后,基础设施的某些瓶颈制约因素仍未消除,并且落后的基础设施给印度经济发展造成了很大的困难,基础设施建设的速度和经济发展的速度严重不平衡，这些都极大地制约了印度经济社会的发展。

3. 印度对外开放进程相对滞后

投资、消费和出口是促进经济增长的三大决定因素，改革开放以来，中国对外开放的步伐很快，近些年来，中国内地也加快了对外开放的步伐。印度独立后至20世纪80年代，奉行进口替代政策，之后不断放宽进口，1992年5月起，印度借鉴中国改革开放的成功经验，制定了较为完整、稳定的外资政策，对引进技术、促进出口和重点发展部门的国际投资予以税收和股权方面优惠，并开始注重吸引直接投资与技术的消化扩散相结合。2000年以后，印度的进出口占GDP比重进入快速增长期，成长速度快于中国，但无论从占比还是绝对量上仍与中国差距不小。根据附表9中的数据可以得知，1978年中国对外开放水平是28.76，印度则是13.21，1992年中国对外开放水平是29.25，印度则是19.18，2009年中国对外开放水平是58.58，印度则是43.91。1978年中国进出口总额占GDP比重是18.42，印度则是14.48，1992年进出口总额占GDP比重是49.61，印度则是15.59，2009年中国进出口总额占GDP比重是65.88，印度则是49.88。两个指标印度与中国相比都有明显的差距。

4. 印度吸引外资数额有限

由于长期殖民形成的“东印度公司恐惧”，印度对外资始终保持高度警惕，印度牢牢把握住外资的行业进入指导权，并且对外资实行的是国民待遇，从未像其他发展中国家那样实行过超国民待遇，对印度国内私人投资而言，体现了充分的公正性，切实执行了以自力更生为主、利用外资为辅的发展战略。也正因为如此，印度是世界大经济体中至今仍对外资控制较严的国家，印度外资政策的全面自由化仍需假以时日，印度投资环境仍有待改善。但是自1978年中国实行改革开放战略以来,中国吸引外资数额呈现出加速增长态势。据统计,2009 年中国吸引外商直接投资数额是 1142 亿美元,而同期印度则是 356 亿美元[①],相比起中国而言,印度吸引外资的数额比较低。这必然影响印度的经济增长速度。

(四)要素积累型还是技术消化型

值得一提的是,目前学术界有些人认为中国经济增长方式就是要素积累型(Factors accumulation),印度经济增长方式就是技术消化型(Technology Assimilation)。本书的研究结果也表明中国经济增长中物质资本存量所占比重比较高,而印度经济增长中就业人员数和全要素生产率所占的比重比较高。但是还不能由此断定中国的经济增长方式就是要素积累型,而印度的经济增长方式就是技术消化型。原因有两点:第一,虽然中国物质资本投资对经济增长贡献率过高,而物质资本投资的相当一部分是通过向发达国家购买的设备实现的,而这些设备中已经包含着技术进步,但是在全要素生产率中反映不出来;第二,虽然印度物质资本投资对经济增长贡献率比较低,但是印度就业人员投入对经济增长的贡献率却大大高于中国,并且中印两国的全要素生产率的增长率相差不多。总之,高投入对于正处于发展中国家的中国而言也并非就是坏事,但是经济发展到一定阶段以后就必须实现经济增长方式的转变,否则这种经济增长方式是不可持续的。

(五)基于要素禀赋的思考

另外,经过分析不难发现,中国是劳动力资源十分丰富的国家,但是中国经济增长中物质资本存量所占比重比较大,就业人员数所占比重反而比较小,其中原因值得我们去思考。经过分析可能的原因是:由于我国最近几十年来长期采用低利率、低土地价格、低能源

---

① 数据来源于世界银行网站,http://www.worldbank.org.cn。

价格和低原材料价格等政策，使我国长期要素价格扭曲现象严重[①]，再加上我国对外商长期采取优惠政策，使我国经济增长中物质资本存量所占比重比较大，而就业人员数所占比重显得比较小。

（六）对全要素生产率的进一步分析

在索罗模型中全要素生产率被解释技术进步，实际上全要素生产率包括技术进步和制度因素等由要素投入所不能解释的部分。但是和物质资本等投入要素不同的是，技术进步和制度因素并不是可以测量的投入要素，因此用 SRA 模型无法测量技术进步和制度因素对经济增长的贡献。

技术进步方面，利用 SRA 模型和 SFA 模型无法测量技术进步对中国和印度经济增长的贡献。但是利用 DEA 模型可以研究技术进步在中国和印度经济增长的作用。根据第三节 DEA 模型分析结果，中国和印度的技术进步比较快，印度比中国的技术进步更快。

技术效率方面，利用 SRA 模型也无法测量技术效率对中国和印度经济增长的贡献。但是利用 SFA 模型和 DEA 模型可以研究技术效率在中国和印度经济增长中的作用。根据第二节 SFA 模型分析结果，中国技术效率水平要低于印度技术效率水平，根据第三节 DEA 模型分析结果，1978 – 2009 年绝大部分年份，中国技术效率水平要低于印度技术效率水平。

制度因素方面，中国自从 1978 年改革开放以来，制度创新取得了巨大的进展，中国的制度创新主要表现在完善产权制度、提高市场化程度、利益分配格局演变和实行对外开放等。制度创新对中国经济增长的作用是显而易见的，改革开放以来中国经济快速增长，已经成为世界经济发展的奇迹。但是中国制度方面仍然存在着一些有待

① 林毅夫和苏剑在“论我国经济增长方式的转换”（2007 年）一文中也持这样的观点。

解决的问题，市场机制仍然还不是很完善，价格还不能完全反映市场供求状况和资源稀缺程度，政府仍然掌握一些重要稀缺资源的配置大权等；国有企业经营效率不高，需要进一步深化国有企业改革；腐败现象和寻租行为仍然比较频繁，并对国家财产造成严重的损失，这需要在源头上进行预防等。

印度自 1991 年改革以来，制度创新方面也取得巨大的成效。印度在改革的过程中，逐渐减少政府对企业的干预，扩大企业自主权，完善议会民主制度，并且印度拥有完善的金融体系和法律体系，这些都对印度后来的经济增长起着重要的作用。但是印度在制度方面仍然存在着一些问题，印度产权保护法并不完善，亏损企业不能实现顺利破产，严厉的劳工法限制了企业用人自主权，企业在解雇工人方面受到限制，并且印度存在着引进外资的限制，所有这些也阻碍了印度经济增长。

综上所述，中印两国技术进步率较高，并且在制度创新方面也取得巨大的成效，所以中印两国全要素生产率的增长率较高。但是由于中国经济增长率要大大高于印度，所以中国全要素生产率对经济增长贡献率要大大低于印度。

（七）克鲁格曼批判的再思考

著名经济学家保罗·克鲁格曼（Paul Krugman 1994）根据琼·垦姆和刘易斯·刘（Jong – Ⅱ. Kim 和 Lawrence J. Lau 1994）以及阿温·杨（Alwyn Young 1992 1994 and 1995）对东亚国家经济增长源泉测算结果，认为东亚经济的成长仅仅源于要素数量的积累，迟早会因为回报递减而陷入停滞，并且认为东亚的经济增长中没有技术进步的成分，是不可持续的。克鲁格曼的观点提出后马上在国际学术界引起一场争论，1997 年东亚金融危机爆发后，许多人还认为是克鲁格曼对东亚经济增长方式的批判预见了后来的金融危机。

这里将克鲁格曼的批判应用到中印经济发展方式的分析中，根据实证分析结果，印度全要素生产率对经济增长贡献率比较高，中国全要素生产率对经济增长贡献率比较低。按照克鲁格曼的说法，中国经济增长方式应该是不可持续的，印度经济增长方式则是可持续的。据此我们的观点是：我国目前处于发展中国家阶段，美日等发达国家在经济发展初级阶段全要素生产率水平也比较低，不能单纯从全要素生产率对经济增长贡献率的高低来判断这个国家经济增长方式是否具有可持续性。目前发展阶段，我国经济增长中一定要素投入是必须的，但是也要通过制度创新、提高技术进步以及提高技术效率等提高我国经济增长的质量。

（八）小结

1. 虽然索罗余值核算方法（SRA）具有严格的假定条件，但是经过研究后证明，采用相同的研究方法和相同口径的数据去研究经济发展程度接近国家的全要素生产率，由此得出的结论还是具有可比性的。

2. 推动我国经济增长的诸多因素中，物质资本所占的比重最大。从表4.3可以看出，中国物质资本投入增长率及其对经济增长的贡献率在各个时期都大大高于印度，以1978－2009年时期段为例，中国物质资本投入增长率及其对经济增长的贡献率分别为7.53%和50.43%，而印度相应数据是3.79%和14.73%。这在一定程度上也说明我国粗放型经济增长方式特征比较明显，因此应该转变我国经济增长方式，走集约型经济增长道路。

3. 我国经济增长中就业人员数所占比重较低。从表4.3可以看出，中国就业人员数对经济增长的贡献率在各个时期都大大低于印度，以1978－2009年时期段为例，中国就业人员数对经济增长的贡献率是5.64%，而印度相应数据是28.8%，两都相差较大。

4. 相比起印度而言，中国经济增长中全要素生产率所占比重较低。从表4.3可以看出，尽管中国全要素生产率的增长率与印度差不多，但是全要素生产率对经济增长的贡献率在各个时期都大大低于印度，以1978－2009年时期段为例，中国全要素生产率对经济增长的贡献率是43.93%，而印度相应数据是56.47%。另外90年代以来，中国全要素生产率对经济增长的贡献率下降明显[①]，1992－2009年时期段中国全要素生产率对经济增长的贡献率只有28.93%。

二、基于SFA模型的中国和印度经济增长源泉分析

相比起SRA模型而言，SFA模型的函数形式较弱，并且SFA模型具体的函数形式一般分为柯布－道格拉斯生产函数和超越对数生产函数两种形式，本节通过运用这两种函数形式的SFA模型对中国和印度经济增长源泉进行分解。

(一)模型说明

索罗余值核算方法(SRA)假定生产者都能完全达到投入—产出的技术边界，从而都能实现最优的生产效率，但是现实经济中这样的生产者是很少见的，生产者由于受随机因素和技术效率的影响从而不能达到投入—产出函数的边界。因此，Aigner和Chu(1968)提出了前沿生产函数模型，将生产者效率分解为技术前沿(technological frontier)和技术效率(technological efficiency)两部分，技术前沿描述的是生产者投入—产出行为所能达到的边界，技术效率描述的是生产者实际技术与技术前沿的差距。由于在现实经济中，生产者投入—产出行为不可避免地包含随机误

① 可能的原因是90年代以来我国物质资本投入大大增加，物质资本投入对经济增长贡献率提高所致。

差，因此，包含随机误差项的前沿模型才能更准确的描述生产者投入—产出行为，这就是随机前沿生产函数分析（SFA）研究方法。Aigner，Lovell，和 Schmidt（1977）、Meeusen 和 Broeck（1977）以及 Battese 和 Corra（1977）最先提出随机前沿函数方法，Battese 和 Coelli（1996）进一步发展了随机前沿函数方法。根据 Battese and Coelli 的研究，随机前沿生产函数一般形式可以表示如下：

$$Y_{it}=F(X_{it},\beta,t)\exp(\nu_{it}-u_{it}) \qquad [4.10]$$

其中 $F(.)$ 表示前沿生产函数，Y_{it} 表示生产者在 t 时期的产出，X 表示各种生产要素投入，β 为一组待估计的参数，t 表示时期，u_{it} 表示第 i 个生产者在 t 年生产技术效率的随机变量（非负的），u_{it} 具体函数形式是：

$$u_{it}=u_i\exp[-\eta(t-T)] \qquad [4.11]$$

其中 $u_i\sim N^{+}(\mu,\sigma_u^2)$，即 u_i 服从非负断尾正态分布，η 是待估计参数，表示技术效率的变化率，当 $\eta>0$ 时，表明在所考察时期内生产者技术效率水平是上升的；当 $\eta<0$ 时，表明在所考察时期内生产者技术效率水平是下降的；当 $\eta=0$ 时，表明在所考察时期内生产者技术效率水平是不变的。当 $u_{it}=0$ 时，表示生产者投入—产出行为恰好处于生产前沿曲线上，当 $u_{it}>0$ 时，表示生产者投入—产出行为处于生产前沿曲线的下方，也就是说没有达到充分的技术效率，T 表示选定的基期。v_{it} 为观测误差和其它随机因素，服从零均值和不变方差的正态分布，即 $v\sim N(0,\sigma_v^2)$，通常假定它独立于 u_{it}，并且也独立于投入和技术水平。技术效率可以用产出期望与随机前沿的比值来确定，即：

$$TE_{it}=\exp(-u_{it})=\frac{E[f(x)\exp(v-u)]}{E[f(x)\exp(v-u)/u=0]} \qquad [4.12]$$

如果技术效率损失较大，则 TE_{it} 接近于 0，如果技术效率没有损失，则 TE_{it} 等于 1。Battese 和 Corra(1977)认为，$\sigma^2 = \sigma_u^2 + \sigma_v^2, \gamma = \frac{\sigma_u}{\sigma}$，$\gamma$ 的值被限定在 0 和 1 之间。如果 $\gamma > 0$，则表明生产者投入—产出行为处于生产前沿的下方，必须使用 SFA 技术对这一面板数据进行分析。如果 $\gamma = 0$，则表明生产者投入—产出行为恰好处于生产前沿曲线上，直接使用 *OLS* 进行估计即可。

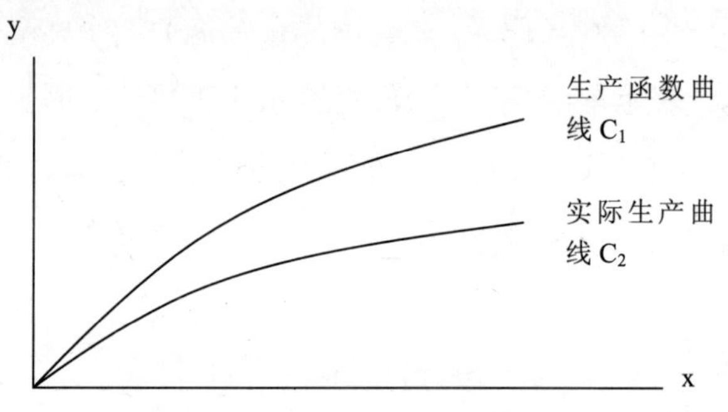

图 4.1　随机前沿生产函数

随机前沿生产函数的理论含义可以在图 4.1 中说明，在图 4.1 中生产者可以实现的最优生产函数曲线如图中曲线 C_1 所示，但是生产者由于受随机因素和技术效率的影响而偏离投入—产出函数的最优生产函数曲线边界，因而可以实现的实际生产曲线如图中曲线 C_2 所示。

同时，应用 SFA 模型对经济体经济增长源泉进行测算需要采用一定的生产函数形式，目前较为常用的生产函数形式主要有超越对数生产函数两种形式和柯布 - 道格拉斯生产函数。柯布 - 道格拉斯生产函数形式具有模型简单、需要估计的参数个数较少、可以估计出劳动力、物质资本以及人力资本的产出弹性系数等优点，相比起超越对数生产函数容易产生多重共线问题而言，具有明显优势。经过比较分析我们采用柯布 - 道格拉斯生产函数形式。基于柯布 - 道格拉斯生产函数的随机前沿函数具体形式是：

$$Y_{it} = A(t) K_{it}^{\alpha} L_{it}^{1-\alpha} H_{it}^{\beta} \exp(\nu_{it} - u_{it}) \quad [4.13]$$

其中 $A(t)$ 表示 t 时期的前沿技术水平，K 表示物质资本投入，L 表示劳动力投入，α、$1-\alpha$ 和 β 分别表示物质资本、劳动力和人力资本的产出弹性系数。将(4)式两边取对数形式可以得到：

$$LnY_t - LnL_t = LnA_t + \alpha(LnK_t - LnL_t) + \beta LnH_t + \nu_{it} - u_{it} \quad [4.14]$$

采用极大似然估计法(maximum likelihood estimation)，并且运用 coelli 开发出的 Frontier Version 4.1 软件(参见 coelli，1996)，可以估计出上式中的各个参数值。根据估计出的各个参数值，不仅可以得知中国和印度各投入要素的产出弹性系数，而且可以得知是否适合用 SFA 技术对中国和印度经济增长源泉进行分析。另外，Frontier Version 4.1 软件估计结果还可以给出中国和印度 1978－2009 年技术效率水平。但是 Frontier Version 4.1 软件估计结果却无法给出中国和印度 1978－2009 年技术进步水平，一些学者如：S. C. Kumbhakar(2000)、Yanrui Wu(2000)、王志刚(2006)、沈汉溪(2007)以及李谷成等(2007)采用将取对数后的生产函数求关于时期 t 的一阶导数方法来计算技术进步率。但是，上式计算技术进步率有一个明显的缺陷就是，技术进步率取决于各个生产者在各个时期的劳动力和物质资本等投入要素的增长率，这显然是不合适的。因此，目前来看使用 SFA 模型测量一个或者多个经济体技术进步率方面，仍然难以令人信服。

（二）计量分析结果

运用 Frontier Version 4.1 软件，并且采用极大似然估计法对[4.16]式中的参数进行估计，其估计结果如表 4.3 所示。

表 4.3　　基于柯布－道格拉斯生产函数形式的随机前沿模型估计结果(中国和印度)

参数	估计值	标准差	t 统计值
β_0	0.041	0.013	3.099 * * *
β_1	0.546	0.028	19.127 * * *
β_2	0.439	0.028	15.623 * * *
σ^2	0.003	0.002	1.335 *
γ_1 值	0.696	0.228	3.059 * * *
μ_1 值	0		
η_1 值	0		
似然函数对数值	130.499		

* 表示在 10% 置信水平；* * 表示在 5% 置信水平；* * * 表示在 1% 置信水平。

Frontier Version 4.1 软件还计算出了中国和印度技术效率水平，但是可能是由于涉及有国家数目太少等的原因，Frontier Version 4.1 软件只给出了中国和印度 1978－2009 年平均技术效率水平，而没有给出中国和印度 1978－2009 年每年技术效率水平。中国 1978－2009 年平均的技术效率水平是 0.928，印度 1978－2009 年平均的技术效率水平是 0.992。

根据上述的结果我们可以作出如下分析：第一，从参数 γ 的估计值来看，参数 γ 的估计值是 0.696，大于零，并且在 10% 置信水平下是显著的。说明了中国和印度生产技术水平都不在生产前沿曲线上，因此使用 SFA 技术对这一面板数据进行分析是很有必要的；第二，从参数 η 的估计值来看，参数 η 的估计值是零，说明中国和印度技术效率水平随着时期的推移而保持不变；第三，从各投入要素的产出弹性来看，$\beta_1 = 0.546$，$\beta_2 = 0.439$，可以得出中国和印度劳动力和人力资本、物质资本的产出弹性系数分别是 0.546 和 0.439。可以看出中国和印度劳动力和人力资本投入产出弹性要大于物质资本；第四，从中国和印度技术效率水平来看，1978－2009年中国和印度技术效率水平保持不变，但是中国技术效率水平要低于印度技术效率水平。

（三）小结

本节分别使用基于柯布－道格拉斯生产函数形式的随机前沿模型分析了中国和印度1978－2009年的经济增长源泉，经过研究得到的结论是：1）中国和印度生产技术水平都不在生产前沿曲线上，都处在生产前沿曲线的下方，因此使用SFA技术进行分析是很有必要的；2）中国和印度技术效率水平随着时期的推移而保持不变；3）从各投入要素的产出弹性来看，中国和印度劳动力和人力资本投入产出弹性要大于物质资本；4）中国技术效率水平要低于印度技术效率水平。

三、基于DEA模型的中国和印度经济增长源泉分析

索罗余值核算方法（SRA）和随机前沿函数分析方法不可避免遇到问题就是函数形式的选择（例如，C－D生产函数或者超越对数生产函数），基于DEA的Malmquist指数法是非参数估计方法，它不需要假设生产函数的具体形式，本节采用基于DEA的Malmquist指数法对中印两国经济增长源泉进行分解。

（一）模型说明

基于DEA模型的Malmquist指数分解方法可以将全要素生产率水平分解为技术进步和技术效率变化两部分，在此基础上将技术效率变化进一步分解为纯技术效率变化和规模效率变化，从而能够提供更多的信息。根据Fare et al等（1994）的做法，假定每个时期$t = 1, 2\cdots, T$，用生产技术S^t将要素投入x^t转化为产出y^t，用集合来表示

就是：

$S^t = \{(x^t, y^t): x^t$ 可以生产出 $y^t\}$

S^t 又叫生产可能性集合，其中每一个给定投入的最大产出子集又被叫做生产技术的前沿。另外，t 时刻的产出距离函数可以定义为：

$D_0^t(x^t, y^t) = inf\{\theta_t(x^t, y^t/\theta) \in S^t\}$

对 $(x^t, y^t) \in S^t$，有 $D_0^t(x^t, y^t) \leqslant 1$，当且仅当 (x^t, y^t) 位于生产技术的前沿，$D_0^t(x^t, y^t) = 1$。为了定义 Malmquist 指数，需要给出一个含有两个不同时期的距离函数如下：

$$D_0^t(x^{t+1}, y^{t+1}) = inf\{\theta_t(x^{t+1}, y^{t+1}/\theta) \in S^t\}$$

这个函数给出了在 t 时期的技术水平下，给定投入产出 (x^{t+1}, y^{t+1})，实际产出与所能达到的最大可能产出的比例。同样，可以定义类似的距离函数 $D_0^{t+1}(x^t, y^t)$，它可以给出以 t + 1 时刻的生产技术为参照时投入产出量 (x^t, y^t) 所能达到的最大可能产出与实际产出之比；$D_0^t(x^t, y^t)$，它可以给出以 t 时刻的生产技术为参照时投入产出量 (x^t, y^t) 所能达到的最大可能产出与实际产出之比；$D_0^{t+1}(x^{t+1}, y^{t+1})$ 它可以给出以 t + 1 时刻的生产技术为参照时投入产出量 (x^{t+1}, y^{t+1}) 所能达到的最大可能产出与实际产出之比。

根据上述推理可以定义以 t 时期的技术为参照的 Malmquist 指数为：

$$M^t = \frac{D_0^t(x^{t+1}, y^{t+1})}{D_0^t(x^t, x^t)}$$

同理，也可以得到以 t + 1 时期的技术为参照的 Malmquist 指数为：

$$M^{t+1} = \frac{D_0^{t+1}(x^{t+1}, y^{t+1})}{D_0^{t+1}(x^t, x^t)}$$

为了避免在选择生产技术参照的随意性，用两个时期的 Malmquist 指数的几何平均值作为 Malmquist 指数的度量，其具体形式如下：

$$M_0 = \left\{\left[\frac{D_0^t(x^{t+1}, y^{t+1})}{D_0^t(x^t, y^t)}\right]\left[\frac{D_0^{t+1}(x^{t+1}, y^{t+1})}{D_0^{t+1}(x^t, y^y)}\right]\right\}^{1/2}$$

$$= \frac{D_0^{t+1}(x^{t+1}, y^{t+1})}{D_0^t(x^t, x^t)}\left[\frac{D_0^{t+1}(x^{t+1}, y^{t+1})}{D_0^{t+1}(x^{t+1}, y^{t+1})} \times \frac{D_0^t(x^t, y^t)}{D_0^t(x^t, y^t)}\right]^{1/2}$$

$$= EFFCH \times TECH$$

$$= TFPCH$$

上式中，TFPCH 是全要素生产率指数，这个指数测量 t 到 t + 1 时期全要素生产率变化；EFFCH 是规模报酬不变并且要素自由处置条件下的技术效率变化指数，这个指数测量 t 到 t + 1 时期每个观测对象到最佳实践边界的追赶程度；TECH 是技术进步指数，这个指数测量技术边界在时期 t 到 t + 1 之间的移动。技术效率变化指数还可以进步分解为纯效率变化和规模效率变化两个部分，其具体计算公式为：EFFCH = PECH × SECH。基于 DEA 的 Malmquist 指数法的最大优点就是可以将全要素生产率增长率分解为技术进步和技术效率变化率两部分，进一步将技术效率变化分解为纯效率变化和规模效率变化两个部分[①]。但是与随机前沿函数分析方法一样，基于 DEA 的 Malmquist 指数法也不能具体的计算出就业人员数、物质资本和全要素生产率对经济增长的贡献率，这是随机前沿函数分析方法（SFA）和基于 DEA 的 Malmquist 指数法两种模型内在的缺陷。

---

① 郑京海和胡鞍钢（2005 年）、颜鹏飞和王兵（2004 年）、吕冰洋和于永达（2008 年）等人采取的就是这种分法。

在这里有必要进一步说明DEA模型在计算全要素生产率方面的两个概念,第一个就是技术进步,第二个是技术效率的变化。借助生产函数概念,技术进步可以用生产可能性曲线向外移动表示。技术效率的提高意味着生产向生产可能性曲线靠近,当然技术效率的降低意味着生产向生产可能性曲线偏离。举一个简单的例子可以帮助区分这两个概念。假设存在一个先进技术,这个先进技术最佳要求是10个工人和10台机器生产10单位产出,如果是这样的则对这个技术的使用是完全有效率的,如果相同的10个工人和10台机器仅仅生产8单位产出,则对这个技术的使用是缺乏效率的,如果11个工人和10台机器生产10单位产出,则这个技术也是缺乏效率的,需要进行改进。

(二)计量分析结果

本书运用DEAP Version 2.1软件,并且采用基于DEA模型的Malmquist指数,对中国和印度全要素生产率水平进行分解,这些结果如表4.4－表4.7所示。表4.4－表4.5显示的是中国和印度1979－2009年全要素生产率水平分解结果,表4.6显示的是中国和印度1979－2009年基于DEA模型的Malmquist指数每年分解结果,表4.7显示的是中国和印度1979－2009年基于DEA模型的Malmquist指数历年加总平均分解结果。图4.2显示的是中国和印度1979－2009年全要素生产率水平比较,图4.3显示的是中国和印度1979－2009年技术进步水平比较,图4.4显示的是中国和印度1979－2009年技术效率水平比较。

表4.4　中国1979－2009年基于DEA模型的Malmquist指数分解结果

时期	全要素	全要素生产率分解		技术效率变化分解	
	生产率	技术进步变化	技术效率变化	纯技术效率变化	规模技术效率变化
1979	0.451	0.452	1.000	1.000	1.000

续表

时期	全要素生产率	全要素生产率分解		技术效率变化分解	
		技术进步变化	技术效率变化	纯技术效率变化	规模技术效率变化
1980	0.546	0.546	1.000	1.000	1.000
1981	0.670	0.670	1.000	1.000	1.000
1982	0.763	0.763	1.000	1.000	1.000
1983	0.815	0.815	1.000	1.000	1.000
1984	0.882	0.882	1.000	1.000	1.000
1985	0.852	0.852	1.000	1.000	1.000
1986	0.843	0.843	1.000	1.000	1.000
1987	0.892	0.892	1.000	1.000	1.000
1988	0.922	0.922	1.000	1.000	1.000
1989	0.920	0.920	1.000	1.000	1.000
1990	0.918	0.918	1.000	1.000	1.000
1991	0.916	0.916	1.000	1.000	1.000
1992	0.919	0.919	1.000	1.000	1.000
1993	0.930	0.930	1.000	1.000	1.000
1994	0.455	0.455	1.000	1.000	1.000
1995	0.363	0.363	1.000	1.000	1.000
1996	0.456	0.456	1.000	1.000	1.000
1997	0.657	0.657	1.000	1.000	1.000
1998	0.742	0.742	1.000	1.000	1.000
1999	0.763	0.763	1.000	1.000	1.000
2000	0.833	0.833	1.000	1.000	1.000
2001	0.900	0.900	1.000	1.000	1.000
2002	0.884	0.844	1.000	1.000	1.000
2003	0.868	0.868	1.000	1.000	1.000
2004	0.904	0.904	1.000	1.000	1.000
2005	0.892	0.892	1.000	1.000	1.000

续表

时期	全要素生产率	全要素生产率分解		技术效率变化分解	
		技术进步变化	技术效率变化	纯技术效率变化	规模技术效率变化
2006	0.917	0.917	1.000	1.000	1.000
2007	0.901	0.901	1.000	1.000	1.000
2008	0.888	0.888	1.000	1.000	1.000
2009	0.926	0.926	1.000	1.000	1.000

注:DEAP Version 2.1 软件未给出1978年基于DEA模型的Malmquist指数分解结果,表4.4－表4.6与此相同。

表4.5　印度1979－2009年基于DEA模型的Malmquist指数分解结果

时期	全要素生产率	全要素生产率分解		技术效率变化分解	
		技术进步变化	技术效率变化	纯技术效率变化	规模技术效率变化
1979	0.447	0.298	1.500	1.000	1.500
1980	0.619	0.557	1.111	1.000	1.111
1981	0.719	0.685	1.050	1.000	1.050
1982	0.800	0.778	1.029	1.000	1.029
1983	0.884	0.815	1.085	1.000	1.085
1984	0.864	0.908	0.951	1.000	0.951
1985	0.862	0.854	1.010	1.000	1.010
1986	0.883	0.876	1.007	1.000	1.007
1987	0.922	0.891	1.034	1.000	1.034
1988	0.917	0.935	0.981	1.000	0.981
1989	0.922	0.922	1.000	1.000	1.000
1990	0.921	0.918	1.003	1.000	1.003
1991	0.924	0.921	1.003	1.000	1.003

续表

时期	全要素生产率	全要素生产率分解		技术效率变化分解	
		技术进步变化	技术效率变化	纯技术效率变化	规模技术效率变化
1992	0.930	0.927	1.002	1.000	1.002
1993	0.937	0.935	1.002	1.000	1.002
1994	0.555	0.534	1.032	1.000	1.032
1995	0.461	0.442	0.750	1.000	0.750
1996	0.665	0.598	1.111	1.000	1.111
1997	0.700	0.667	1.050	1.000	1.050
1998	0.800	0.777	1.029	1.000	1.029
1999	0.796	0.781	1.019	1.000	1.019
2000	0.901	0.825	1.091	1.000	1.091
2001	0.902	0.933	0.966	1.000	0.966
2002	0.864	0.844	0.977	1.000	0.977
2003	0.904	0.891	1.014	1.000	1.014
2004	0.901	0.904	0.997	1.000	0.997
2005	0.917	0.913	1.004	1.000	1.004
2006	0.921	0.918	1.003	1.000	1.003
2007	0.907	0.914	1.003	1.000	1.003
2008	0.921	0.919	1.002	1.000	1.002
2009	0.938	0.935	1.002	1.000	1.002

表 4.6 中国和印度 1979 - 2009 年基于 DEA 模型的 Malmquist 指数每年分解结果

时期	全要素生产率	全要素生产率分解		技术效率变化分解	
		技术进步变化	技术效率变化	纯技术效率变化	规模技术效率变化
1979	0.448	0.352	1.225	1.000	1.225
1980	0.582	0.552	1.054	1.000	1.054
1981	0.694	0.677	1.025	1.000	1.025

续表

时期	全要素生产率	全要素生产率分解		技术效率变化分解	
		技术进步变化	技术效率变化	纯技术效率变化	规模技术效率变化
1982	0.781	0.770	1.014	1.000	1.014
1983	0.849	0.815	1.042	1.000	1.042
1984	0.873	0.895	0.975	1.000	0.975
1985	0.857	0.853	1.005	1.000	1.005
1986	0.863	0.860	1.004	1.000	1.004
1987	0.907	0.892	1.017	1.000	1.017
1988	0.919	0.928	0.991	1.000	0.991
1989	0.921	0.921	1.000	1.000	1.000
1990	0.919	0.918	1.001	1.000	1.001
1991	0.920	0.919	1.001	1.000	1.001
1992	0.925	0.923	1.001	1.000	1.001
1993	0.934	0.933	1.001	1.000	1.001
1994	0.666	0.665	1.016	1.000	1.016
1995	0.411	0.410	0.866	1.000	0.866
1996	0.551	0.523	1.054	1.000	1.054
1997	0.678	0.662	1.025	1.000	1.025
1998	0.770	0.760	1.014	1.000	1.014
1999	0.779	0.772	1.009	1.000	1.009
2000	0.866	0.829	1.044	1.000	1.044
2001	0.901	0.916	0.983	1.000	0.983
2002	0.874	0.884	0.989	1.000	0.989

续表

时期	全要素生产率	全要素生产率分解		技术效率变化分解	
		技术进步变化	技术效率变化	纯技术效率变化	规模技术效率变化
2003	0.886	0.879	1.007	1.000	1.007
2004	0.902	0.904	0.998	1.000	0.998
2005	0.904	0.903	1.002	1.000	1.002
2006	0.919	0.918	1.002	1.000	1.002
2007	0.904	0.903	1.001	1.000	1.001
2008	0.904	0.903	1.001	1.000	1.001
2009	0.932	0.931	1.001	1.000	1.001
平均	0.466	0.465	1.011	1.000	1.011

表4.7　中国和印度1979－2009年基于DEA模型的Malmquist指数历年加总平均分解结果

时期	全要素生产率	全要素生产率分解		技术效率变化分解	
		技术进步变化	技术效率变化	纯技术效率变化	规模技术效率变化
中国	0.778	0.777	1.000	1.000	1.000
印度	0.811	0.792	1.026	1.000	1.026
平均	0.795	0.784	1.013	1.000	1.013

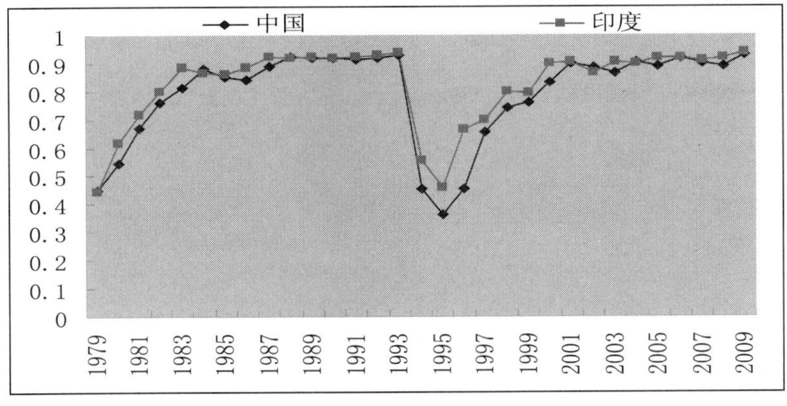

图4.2　中国和印度1979－2009年全要素生产率水平

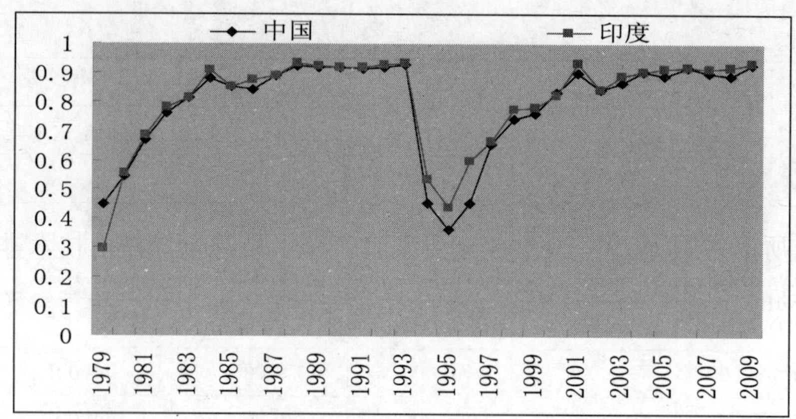

图 4.3　中国和印度 1979－2009 年技术进步水平

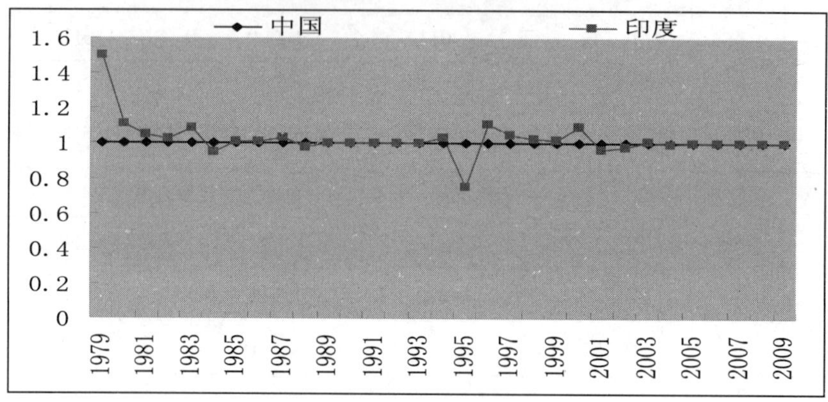

图 4.4　中国和印度 1979－2009 年技术效率水平

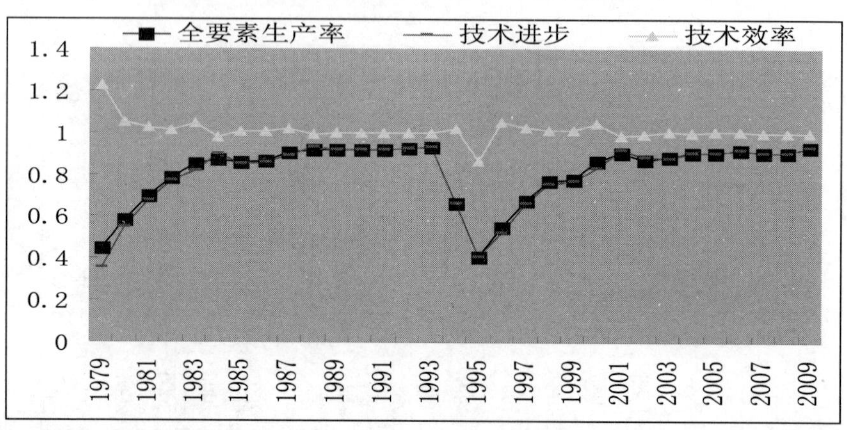

图 4.5　中国和印度 1979－2009 年全要素生产率、技术进步水平及技术效率水平

根据表4.4～表4.5的内容可以作出如下分析:1)中国1979～2009年全要素生产率水平起伏不定,但是大体上呈现出上升的趋势,技术进步水平起伏不定,但是大体上也呈现出上升的趋势,技术效率水平保持不变。因为全要素生产率水平是技术进步与技术效率之和,所以中国1979－2009年全要素生产率水平的上升是由技术进步推动的。纯技术效率和规模技术效率保持不变;2)印度1979－2009年全要素生产率水平起伏不定,但是大体上呈现出上升的趋势,技术进步水平起伏不定,但是大体上也呈现出上升的趋势,这些变化与中国是一致的,技术效率在有些年份保持不变,有些年份在恶化,总体来说保持不变。印度1979－2009年全要素生产率水平的上升也基本上是由技术进步推动的。纯技术效率保持不变,规模技术效率与技术效率变化是一致的;3)从整体上看,印度在全要素生产率水平、技术进步以及技术效率方面都要高于中国,表明相比起印度而言,中国经济增长过多依赖要素投入。

根据表4.6的内容可以作出如下分析:1)大体上看,中印两国1979－2009年全要素生产率水平呈现出逐步上升趋势,1995年中印两国全要素生产率水平较低;2)大体上看,中印两国1979－2009年技术进步水平呈现出逐步上升趋势,1995年中印两国技术进步水平较低;3)中印两国1979－2009年技术效率变化比较稳定,1979－1983年以及1995年中印两国技术效率略有恶化,其余年份中印两国技术效率基本保持不变;4)中印两国1979－2009年纯技术效率保持不变;5)中印两国1979－2009年规模技术效率与技术效率变化是一致的。

根据表4.7的内容可以作出如下分析:1)1979－2009年印度的全要素生产率水平要高于中国;2)1979－2009年印度的技术进步水平要高于中国; 3)1979－2009年印度的技术效率水平要高于中国;

4)1979－2009年中印两国纯技术效率变化都不明显,不存在改进也不存在恶化;5)1979－2009年中印两国的规模技术效率变化与技术效率变化是一致的。从平均程度来讲,中印两国的全要素生产率水平都在改进,技术进步都在提高,技术效率略有恶化,纯技术效率变化都不明显,规模技术效率略有恶化。

根据上述分析可以认为,1979－2009年,印度无论技术进步水平、技术效率水平还是全要素生产率水平增长都要高于中国。我们分析其中存在的原因可能是: 1)服务业发展落后。尽管我国的服务业已经有了长足的发展和进步,取得了显著的成绩,但无论是相对于我国的经济发展水平,满足社会的消费需求来说,还是相对于其他产业进一步增强竞争力的要求来说,服务业的发展无论是质量上还是数量上都还远远不够。另外,与制造业相比,我国的服务业对外开放时间晚,开放程度低,很多行业长期处于垄断经营状态,导致服务业缺乏竞争,效率低下,因此提供服务的成本非常高。从国际趋势看,发达国家经济大都是服务业主导的经济,现代服务业是新经济的体现者,是新知识、新技术的孵化器,制造业竞争力的提高日益离不开现代服务业的发展。因此服务业发展的落后会导致中国全要素生产率、技术进步和技术效率水平落后; 2)资源能源消耗水平偏高。虽然中国一直以来是资源能源大国,但是中国资源能源型产业比重大,资源能源综合利用水平不高,还没有实现资源型产业向加工增值型产业升级。照此发展下去,资源能源大国将变成资源能源弱国,将会严重影响产业甚至经济的发展。资源能源消耗水平偏高会导致中国技术效率水平低下。与此同时,中国仍有一些地方和企业还存在重发展经济轻节能减排的思想,节能减排工作基础薄弱,并且工作力度不够;3)企业创新能力较弱。中国大多数企业自主创新能力不强,还不能完全适应市场经济发展的要求。企业高层次科技人才缺乏、科研经费投入较少,科研成果总量较少并且科研成果转化率不高。不少企业关键设备和技术都依靠国外。这些导致绝大多数企业产品技术含量低,具有高技术及高附加值的产品比重较小。企业创新能力较弱会导致中国技术进步比较缓慢;4)非公有制经济发展总体滞后。中国多数非公有制企业的经营方式还属于粗放型,因此产品附加值比较低,并且产业转换能力和产业升级能力比较弱;中国非公有制企业普遍存在融资渠道单一以及融资能力弱的问题。不少非公有制企业因资金缺乏而难以扩大生产规模,因此,企业难以实施一些好的技术改造项目和创新项目。因为大多数非公有制经济在技术效率方面要强于公有制经济,所以中国非公有制经济发展滞后,势必导致技术效率低下。

另外,针对前述印度技术进步水平要高于中国的现象,我们应该作出进一步的分析。改革开放以来,中国在科学技术领域取得了的进步是得到举世公认的,中国科技成果无论是数量还是质量方面都要强于印度。但是,为什么根据 DEA 模型分析结果印度技术进步水平要高于中国呢?我们认为主要原因是:印度科技成果产业化率相对比较高,印度力图通过发展科学技术实现其大国梦想,一直致力于推动科技成果转化。2003 年,印度政府出台了《科技政策》,这是第一次将科学和技术两方面合二为一后出台的综合政策,提出将创新思路转化为商业成功,对于国家实现高速经济增长和提高全球竞争力都是至关重要的。因此,不仅要对研发工作和创新技术因素给予重视,而且也要对那些对技术创新的采用、传播、转移同样非常重要的社会、体制、市场等因素给予重视。

但是,我国科技成果产业化率比较低,在 2010 年两会期间,中科院院士王志珍曾指出,目前我国的科技成果转化率大约在 25% 左右,真正实现科技成果产业化的不足 5%,与发达国家 80% 转化率的差距甚远。王志珍院士一针见血的指出了目前我国科技成果产业化率的现状。事实上,我国每年取得的科技成果,大约有一半是不可转化的,其中相当一部分本来为了应用的技术成果,但因为在科研立项的时候就脱离了实际,许多科研活动的开展以申报项目、开展研究、报奖、鉴定为主,科技成果的数量主要表现为成果鉴定、各级获奖和专利,而不是以最终形成产品、商品来认定和评价,这种评价体系重视了科技成果的技术价值,而忽略了市场价值,科技成果鉴定之后,无法转化为生产力。我国科技成果产业化率比较低的原因表现在:第一,科技成果产业化的动力不足;第二,科技成果产业化的体系不完善;第三,科技成果产业化的政策支持不够有利;第四,科技成果产业化的壁垒众多。因此,应该进一步完善科技成果转化机制,促进创新科技以金融结合的机制,建设好技术转移的公共平台。

(三)小结

本节使用基于 DEA 模型的 Malmquist 指数分解方法,研究了中国 1978 - 2009 年的经济增长中全要素生产率水平,并且将全要素生产率增长率分解为技术进步和技术效率变化率两部分,进一步将技术效率变化分解为纯效率变化和规模效率变化两个部分。经过研究可以得到的结论是: 1) 中国和印度 1979 - 2009 年全要素生产率水平起伏不定,但是大体上呈现出上升的趋势,并且印度的全要素生产率水平要高于中国; 2) 中国和印度 1979 - 2009 年技术进步水平水平起伏不定,但是大体上呈现出上升的趋势,并且印度的技术进步水平要高于中国;3) 中国 1979 - 2009 年技术效率水平保持不变,印度 1979 - 2009 年技术效率水平有些年份是保持不变,有些年份在恶化,大体上,印度 1979 - 2009 年技术效率水平要高于中国;4) 中印两国的纯技术效率保持不变,规模技术效率与技术效率变化是一致的。

四、三种方法测算结果的比较研究

本章运用索罗余值核算方法(SRA)、基于随机前沿生产函数分析方法(SFA)和基于DEA模型的Malmquist指数分解方法对中国和印度经济增长的源泉进行分解,三种方法测算结果总体上一致,但是也有一些差异的地方,这里从要素投入的产出弹性系数测算结果、全要素生产率测算结果、技术进步测算结果和技术效率测算结果进行比较。

(一)要素投入的产出弹性系数测算结果比较

利用DEA模型无法测量要素投入的产出弹性系数,利用SFA模型可以测量中国和印度总体就业人员数和物质资本存量两大要素的产出弹性系数,从测算结果来看,就业人员数产出弹性系数是0.546,物质资本产出弹性系数是0.439,表明了年均从业人员增长1%,可促进中国和印度GDP上升约0.546%,年均物质资本存量增长1%,可促进中国和印度GDP上升约0.439%。利用SRA模型则可以分别测量中国和印度就业人员数和物质资本存量的产出弹性系数,从测算结果来看,中国和印度就业人员数产出弹性系数分别是0.357和0.780,物质资本存量产出弹性系数分别是0.649和0.220。表明了中国从业人员增长1%,可促进中国GDP上升约0.357%,印度从业人员增长1%,可促进印度GDP上升约0.780%,中国物质资本存量增长1%,可促进中国GDP上升约0.649%,印度物质资本存量增长1%,可促进印度GDP上升约0.220%。从总体上说,SRA模型和SFA模型测量结果基本上是一致的,但是SRA模型测量结果更为具体一些,SRA模型测量出中国和印度就业人员数和物质资本存量的产出弹性系数,而SFA模型只能测量出中国和印度总体就业人员数和物质资本存量产出弹性系数。

（二）全要素生产率测算结果比较

SRA 模型和 DEA 模型都可以测量中国和印度全要素生产率，由于数据等方面的原因，利用 SFA 模型无法测量中国和印度全要素生产率。从测量结果来看，SRA 模型测量结果表明，1978－1992 年中国全要素生产率平均每年增长 5.59%，1992－2009 年中国全要素生产率平均每年增长 2.90%，1978－2009 年中国全要素生产率平均每年增长 4.26%，1978－1992 年印度全要素生产率平均每年增长 2.54%，1992－2009 年印度全要素生产率平均每年增长 3.73%，1978－2009年印度全要素生产率平均每年增长 3.20%。

DEA 模型测量结果表明，中国和印度 1979－2009 年全要素生产率水平起伏不定，但是大体上呈现出上升的趋势，并且印度的全要素生产率水平要高于中国，1979－2009 年中国全要素生产率水平平均值是 0.778，1979－2009 年印度全要素生产率水平平均值是 0.811。

大体上三种方法的测量结果是一致的，但是差异的地方在于 SRA 模型测量的是中国和印度 1978－2009 年全要素生产率增长率数值，而 DEA 模型测量的是中国和印度 1979－2009 年全要素生产率水平数值；DEA 模型可以对中国和印度 1979－2009 年每年全要素生产率数值进行测量，但是 SRA 模型只是对中国和印度 1978－2009 年全要素生产率平均增长率进行测量。从总体上看，相比起 SRA 模型而言，DEA 模型对中国和印度全要素生产率测算的更为详细一些。

（三）技术进步测算结果比较

SRA 模型和 SFA 模型无法对中国和印度技术进步进行测量，和 DEA 模型可以对中国和印度技术进步进行测量。DEA 模型测量结果表明，1979－2009 年中国和印度技术进步起伏不定，但是大体上呈现出上升的趋势，1995 年中印两国技术进步水平较低，并且印度的技术进步水平要高于中国,1979 -2009 年中国平均技术进步水平是0.777,而同期印度则是0.792。

(四)技术效率测算结果比较

同技术进步一样,SRA 模型无法对中国和印度技术效率进行测量, SFA 模型和 DEA 模型可以对中国和印度技术效率进行测量。基于柯布 - 道格拉斯生产函数形式的 SFA 模型测量结果表明,总体上中国和印度生产技术水平都不在生产前沿曲线上,都处在生产前沿曲线的下方,因此使用 SFA 技术进行分析是很有必要的,并且中国技术效率水平要低于印度技术效率水平。中国 1978 -2009 年平均的技术效率水平是0.928,印度 1978 -2009 年平均的技术效率水平是0.992。

DEA 模型测量结果表明,中国 1979 -2009 年技术效率水平保持不变,印度 1979 -2009 年技术效率水平有些年份是保持不变,有些年份在恶化,大体上印度 1979 -2009 年技术效率水平要高于中国,并且中印两国的纯技术效率保持不变,规模技术效率与技术效率变化是一致的。

可以看出基于柯布 - 道格拉斯生产函数形式的 SFA 模型和 DEA 模型测算结果大体上是一致的。但是利用 DEA 模型可以将中印技术效率进一步分解为纯技术效率变化和规模技术效率变化两部分,而 SFA 模型则不能,利用 SFA 模型只能测算出中印两国 1978 -2009 年平均技术效率水平。

第五章　中国和印度经济增长源泉比较

——基于面板数据的回归分析

在本书第四章运用索罗余值核算方法(SRA)、基于随机前沿生产函数分析方法(SFA)和基于DEA模型的Malmquist指数分解方法对中国和印度经济增长的源泉进行分解,并且在此基础上进行比较,本章进一步运用基于面板数据的分析方法,从混合模型和个体固定效应模型两个角度研究就业人员数、物质资本存量、初始就业人员数、政府支出规模和对外开放程度对中国和印度经济增长的影响,从而为研究这些国家经济发展方式提供数据支持。

一、模型说明

面板数据(Panel date)是截面数据与时间序列数据综合起来的一种数据类型。面板数据回归分析方法是最近几十年来发展起来的新的统计方法,使用面板数据进行回归分析既可以避免时间序列数据容易出现的序列相关问题,也可以避免截面数据容易出现的异方差问题。使用面板数据回归方法研究各要素投入以及其他因素对经济增长的作用,大多数研究是在Barro(1991)的增长回归框架下进行的,对中国和印度经济增长源泉进行比较,需要使用面板数据的研究方法,本章的研究也在很大程度上采纳了Barro(1991)的研究方法。

我们将回归框架设定为：

$$Y_{it} = \alpha_0 + \lambda X_{it} + u_{it} \qquad [5.1]$$

其中，Y_{it}是中国和印度各年经济总产出，X_{it}是一组控制变量，这些控制变量包括就业人员数、物质资本存量、初始就业人员数、政府支出规模和对外开放程度，u_{it}是随机误差项。这里仍然采用"捆绑法"将劳动力和人力资本投入要素放在一起并且以就业人员数的形式进行计量分析，用物质资本存量代理物质资本投入，用 2000 年不变价格计算的进出口总额占 GDP 的比重代理对外开放程度，用政府支出占 GDP 的比重代理政府支出规模①，这里需要注意的是，人们通常认为政府支出规模和市场化程度存在负相关关系，即政府支出规模越大，经济体的市场化程度越低，究竟是否存在这一关系还有待进一步去验证。而政府支出规模可以由政府财政支出占国内生产总值的比重来表示，那么政府财政支出占国内生产总值的比重和市场化程度存在负相关关系，因此这一指标是逆向指标。这样用于回归的具体方程为：

$$Y_{it} = \alpha_0 + \lambda_1 H_{i0} + \lambda_2 H_{it} + \lambda_3 INV_{it} + \lambda_4 LAB_{it} + \lambda_5 GOV_{it} + \lambda_6 OPEN_{it} + u_{it} \qquad [5.2]$$

上式是面板数据混合模型，具体回归结果见表 5.1 中的模型一，因为政府支出规模和对外开放程度这两个指标不是要素投入，所以需要研究去掉这两个指标中的一个或者全部后模型的回归结果，而模型二和模型三则分别是将[5.2]式中去掉政府支出规模和对外开放程度后的回归结果，以便于比较。

面板数据混合模型的优点是可以从总体上研究就业人员数、物质资本存量、初始就业人员数、政府支出规模和对外开放程度与中国

① 蔡昉和都阳(2000)、姚先国和张海峰(2008)以及 Heston，Summers 和 Aten(2006)也是用这种方法代理政府支出规模和对外开放程度的。

和印度经济增长之间的关系，但是面板数据混合模型的缺点是不能具体研究这些变量与中国和印度某一国家经济增长之间的关系，这就需要借助面板数据个体固定效应模型以克服这一缺点。面板数据个体固定效应模型的形式是将[5.2]式中的λ_1、λ_2、λ_3、λ_4、λ_5和λ_6转换成λ_{1i}、λ_{2i}、λ_{3i}、λ_{4i}、λ_{5i}和λ_{6i}，i代表中国和印度（具体模型形式略，具体回归结果见表5.2、表5.3和表5.4）。

关于数据来源方面，中国和印度总产出、就业人员数和物质资本存量数据本书在第三章有详细的说明，政府支出占GDP的比重和2000年不变价格计算的进出口总额占GDP的比重数据来源于Heston，Summers和Aten的PWT 7.0数据库，数据经过相关整理而得（具体数据见附表8－附表10）。考虑到回归结果受各变量数值大小的影响较大，所以将总产出数据、物质资本存量数据和就业人员数据单位经过适当调整，可以使回归结果受各变量数值大小影响较小，从而使回归结果能够更好地反映各变量对中国和印度经济增长的影响。

与第四章所使用的方法相比，本章所使用面板数据回归分析方法的优点是不仅可以用混合模型的方法研究就业人员数、物质资本存量、初始就业人员数、政府支出规模和对外开放程度对中国和印度整体经济增长的影响，而且能够可以用个体固定效应模型的方法研究这些变量对中国和印度经济增长的影响。但是面板数据回归分析方法的缺点是不能计算出这些变量对中国和印度经济增长的贡献率数值，并且也无法比较中国和印度全要素生产率的大小。

二、面板数据计量分析结果

使用面板数据回归方法，并且采用EViews6.0软件，对[5.2]式混合模型以及派生出的个体固定效应模型回归结果如表5.1和表5.2所示。

表 5.1　　面板数据混合模型回归结果

解释变量	模型 1 估计系数	t 统计量	模型 2 估计系数	t 统计量	模型 3 估计系数	t 统计量
初始就业人员数	-14.40	-21.27	-16.10	-12.28	-21.82	-1.99
就业人员数	14.19	23.32	16.52	16.05	17.25	2.44
物质资本存量	2.04	28.20	1.85	15.59	0.46	3.09
政府支出规模	2.21	18.00	—	—	-1.18	-4.65
对外开放程度	0.70	6.60	1.53	10.46	—	—
AR(1)	—	—	—	—	1.44	29.77
AR(2)	0.35	4.73	—	—	—	—
AR(3)	—	—	0.52	8.21	-0.43	-9.05
R^2	0.998	—	0.998	—	0.998	—
Adjusted R^2	0.997	—	0.997	—	0.998	—
F 值	4475	—	4479	—	4614	—
DW 值	1.07	—	1.04	—	2.44	—
观测值	15×4	—	15×4	—	15×4	—

注 1：回归结果中不包含截距项（表 5.2 与此相同）。

注 2：显著性水平定为 0.05（表 5.2 与此相同）。

注 3：括号内为 p 统计量。

注 4：三个面板数据模型使用的具体回归方法均为 Pooled EGLS，采用的权重均为 Cross-section SUR。

从面板数据混合模型回归结果来看（如表 5.1 所示），三个模型的拟合结果都比较不错，三个模型中物质资本存量和就业人员数都与中国和印度经济增长之间呈现出显著的正相关关系，并且就业人员数的估计系数在数值上要比物质资本存量的估计系数大的多。考虑到本章采用“捆绑法”将劳动力和人力资本投入要素放在一起并且以就业人员数的形式进行计量分析，因此这是正常现象，但是也反映出劳动力和人力资本投入要素对中国和印度经济增长中的作用比较大。同时发现，三个模型中初始就业人员数都与中国和印度经济增长之间呈现出显著的负相关关系，说明了中国和印度初始劳动力和人力资本投入要素为多少并不重要，而在 1978 – 2009 年这段时期内中国和印度劳动力和人力资本投入要素的增加则尤为重要。这也说明了一个国家在经济发展之初，其初始劳动力和人力资本投入要素的多少并不影响这个国家以后的经济发展速度。

从模型一的分析结果中可以得知，政府支出规模和对外开放程度与中国和印度经济增长之间也呈现出显著的正相关关系，政府支出规模的估计系数要远远大于对外开放程度的估计系数。从模型二的分析结果中可以得知（模型二中不包括政府支出规模这一项），对外开放程度与中国和印度经济增长之间也呈现出显著的正相关关系。从模型三的分析结果中可以得知（模型三中不包括对外开放程度这一项），政府支出规模与中国和印度经济增长之间呈现出显著的负相关关系。政府支出规模是市场化程度的代理指标，从三个模型的回归结果来看，市场化程度与中国和印度经济增长之间的关系还难以判定，还需要进一步去分析研究 。但是从三个模型的回归结果来看，对外开放程度与中国和印度经济增长之间都呈现出显著的正相关关系。

表 5.2　面板数据个体固定效应模型回归结果（模型 1）

解释变量	中国	t 统计量	中国	t 统计量
初始就业人员数	-41.53^{a}	[–5.81]	-12.23^{a}	[–5.70]
就业人员数	40.60^{a}	[5.43]	14.68^{a}	[10.47]
物质资本存量	0.94^{a}	[2.88]	1.38^{b}	[2.50]

续表

解释变量	中国	t统计量	中国	t统计量
政府支出规模	2.94[d]	[1.15]	0.88[d]	[0.71]
对外开放程度	0.28[a]	[3.84]	-0.66[d]	[-0.78]
AR(1)	0.59[a]	[5.81]	0.66[a]	[3.23]
R^2	0.999			
Adjusted R^2	0.998			
F值	1505			
DW值	2.28			
观测值	32×2			

注1:方括号内为t统计量(表5.3和表5.4与此相同)。

注2:上标a、b和c分别表示参数估计值在1%、5%和10%显著性水平上是显著的,上标d表示参数估计值不显著(表5.3和表5.4与此相同)。

注3:使用的具体回归方法为Pooled EGLS,采用的权重为Cross-section SUR(表5.3和表5.4与此相同)。

表5.3 面板数据个体固定效应模型回归结果(模型2)

解释变量	中国	t统计量	印度	t统计量
初始就业人员数	-38.53[a]	[-7.68]	-12.77[a]	[-6.66]
就业人员数	37.63[a]	[7.08]	14.64[a]	[10.86]
物质资本存量	1.08[a]	[4.99]	1.28[a]	[3.27]
政府支出规模	4.18[b]	[2.20]	1.01[d]	[1.27]
AR(1)	0.57[a]	[6.88]	0.73[a]	[6.23]
R^2	0.999			
Adjusted R^2	0.998			
F值	2751			
DW值	2.17			
观测值	32×2			

表 5.4　面板数据个体固定效应模型回归结果(模型 3)

解释变量	中国	t 统计量	印度	t 统计量
初始就业人员数	-42.44[a]	[-11.52]	-10.15[a]	[-9.54]
就业人员数	42.51[a]	[12.18]	13.15[a]	[12.07]
物质资本存量	0.88[a]	[6.48]	2.39[a]	[4.61]
对外开放程度	0.41[b]	[2.17]	-0.88[d]	[-1.55]
AR(2)	0.43[a]	[6.29]	0.38[b]	[2.56]
R^2	0.999			
Adjusted R^2	0.998			
F 值	1287			
DW 值	2.20			
观测值	32×2			

但是从面板数据混合模型回归结果中,还无法分析就业人员数、物质资本存量、初始就业人员数、政府支出规模和对外开放程度在中国和印度经济增长中的作用,这就需要借助面板数据个体固定效应模型回归结果,三个模型的个体固定效应回归结果如表 5.2、表 5.3 和表 5.4 所示。从基于模型 1 的面板数据个体固定效应回归结果来看,模型的回归结果与面板数据混合模型回归结果比较相似,物质资本存量和就业人员数都与中国和印度经济增长之间呈现出显著的正相关关系,并且就业人员数的估计系数在数值上要比物质资本存量的估计系数大的多,同样也说明了劳动力和人力资本投入要素对中国和印度经济增长中的作用比较大。初始就业人员数与中国和印度经济增长之间呈现出显著的负相关关系。政府支出规模与中国和印度经济增长之间呈现出负相关关系,但是回归系数不太显著,所以政府支出规模与中国和印度经济增长之间的关系仍旧难以判定。对外开放程度与中国经济增长之间呈现出显著的正相关关系,对外开放

程度与印度经济增长之间呈现出负相关关系，但是回归系数不太显著。

从基于模型2的面板数据个体固定效应回归结果来看，去掉对外开放程度变量后的模型的回归结果与面板数据个体固定效应模型回归结果（模型1）比较相似，物质资本存量和就业人员数都与中国和印度经济增长之间呈现出显著的正相关关系，并且就业人员数的估计系数在数值上要比物质资本存量的估计系数大的多，初始就业人员数与中国和印度经济增长之间呈现出显著的负相关关系，并且回归系数都比较显著。政府支出规模与中国和印度经济增长之间呈现出负相关关系，但是回归系数不太显著，所以政府支出规模与中国和印度经济增长之间的关系仍旧难以判定。

从基于模型3的面板数据个体固定效应回归结果来看，去掉对政府支出规模变量后的模型的回归结果与面板数据个体固定效应模型回归结果（模型1）也比较相似，物质资本存量和就业人员数都与中国和印度经济增长之间呈现出显著的正相关关系，并且就业人员数的估计系数在数值上要比物质资本存量的估计系数大得多。初始就业人员数与中国和印度经济增长之间呈现出显著的负相关关系。对外开放程度与中国经济增长之间呈现出显著的正相关关系，但是对外开放程度与印度经济增长之间关系不显著。

总之，从基于三个模型的面板数据个体固定效应回归结果来看，初始就业人员数与中国和印度经济增长之间关系不是很强，物质资本存量和就业人员数都与中国和印度经济增长之间呈现出显著的正相关关系。政府支出规模与中国和印度经济增长之间的关系不确定。对外开放程度与中国经济增长之间呈现出显著的正相关关系，但是对外开放程度与印度经济增长之间呈现出负相关关系，但是回归系数不显著。

增长区间内物质资本存量和就业人员数与中国和印度经济增长之间呈现出显著的正相关关系的原因不难理解，物质资本存量和就业人员数是一国经济发展最重要的两个投入要素，这两个投入要素的多少可以直接影响一个国家经济增长的速度。初始就业人员数与中国和印度经济增长之间关系不是很强，其原因在于，初始就业人员数的多少对一个国家短期经济增长造成一定影响，但是在长期则受增长区间内物质资本存量和就业人员数影响较大，纵观世界上几个主要发达国家（英、法、德、美、日、意和加等），这些国家在经济发展之初就业人员数量比较小，但是对经济增长的影响不是很大，在后来的经济发展过程中，经过大量的投入，再加上经济发展战略的得当，这些国家经济增长速度大大加快。依此类推，初始就业人员数与中国和印度经济增长之间关系不是很强的原因就不难理解了。

政府支出规模与中国和印度经济增长之间的关系不确定，其原因在于一方面政府支出的增加可以扩大总需求，从而对经济增长起着促进作用，另一方面政府支出的增加又会降低市场自由化程度，从而对经济增长产生负面影响。因为政府支出规模与中国和印度经济增长之间的关系是不确定的，所以也难以判断出中国和印度究竟哪个国家政府支出规模促进经济增长的作用更大。

值得一提的是，对外开放程度与中国经济增长之间呈现出显著的正相关关系，表明这些国家利用对外开放的效果比较好，但是对外开放程度与印度经济增长之间相关关系不明显，可能的原因在于印度对外开放比较缓慢。

中国方面，改革开放 30 多年以来，中国对外经济呈现加速发展态势：进出口贸易总额 20 年增长了 104 倍，吸收外商直接投资 24 年增长了81倍,对外直接投资6年间增长了近10倍[①],中国实施的对外开放政策直接推动了经济高速增长,对外开放效果比较明显。

印度方面,对外开放在促进印度经济增长方面的作用是有限的。原因在于印度在对外开放方面持保留态度,印度的这种保留态度实际上是维护民族经济独立性与传统保守思想的综合体现。印度对外开放政策实施的时间相对较晚并且开放力度相对较小,在对外开放政策的制定过程中,改革与保守势力的斗争比较激烈,因而在政策上也表现出不连续性。

三、本章结论

本章通过采用面板数据混合模型和面板数据固定效应模型。研究了就业人员数、物质资本存量、初始就业人员数、政府支出规模和对外开放程度对中国和印度经济增长的影响,经过研究可以得出结论:初始就业人员数与中国和印度经济增长之间关系不是很强,增长区间内就业人员数与中国和印度经济增长之间关系则比较强。相应的增长区间内物质资本存量与中国和印度经济增长之间关系也比较强。政府支出规模与中国和印度经济增长之间的关系不确定。对外开放程度与中国经济增长之间呈现出显著的正相关关系,但是对外开放程度与印度经济增长之间关系不明显(模型回归系数不显著)。

---

① 数据来源:http://www.cyol.net,“数字变化见证中国对外开放之路”。

第六章　中国和印度经济增长中投入——产出关系及资源消耗与环境污染分析

本章主要研究中国和印度经济增长中投入—产出关系、资源消耗与环境污染，本章不仅研究中国和印度投入—产出关系、资源消耗与环境污染，还研究俄罗斯和巴西两个金砖国家以及美国、日本和德国三个发达国家各国投入—产出关系、资源消耗与环境污染。通过比较这七个国家可以对中国和印度经济增长中投入—产出关系、资源消耗与环境污染有一个更加清楚的了解，因而可以更加清楚地了解中国和印度经济发展方式。

一、中国和印度经济增长中投入—产出关系分析

对于整个国民经济体系来说，总产出等于总投入，总产出可以用国内生产总值等概念表示，在投入产出表中总投入等于中间投入加上增加值。中间投入则可以被进一步分为服务性投入和实物性投入①，增加值则是劳动者报酬、生产税净额、固定资产折

---

① 关于这方面详细说明见程大中《中国生产者服务业的增长、结构变化及其影响——基于投入—产出法的分析》，《财贸经济》2006 年第 10 期。李江帆、朱胜勇《"金砖四国"生产性服务业的水平、结构与影响—基于投入产出法的国际比较研究》，《上海经济研究》2008 年第 9 期。

旧和营业盈余的总和①。中国和印度以及部分国家投入—产出关系比较见表6.1。

根据表6.1可以作出以下几个分析,第一,中国增加值投入占总产出的比重比较低,不仅低于德国、日本、美国三个发达国家,而且低于俄罗斯、巴西和印度,中国中间投入占总产出的比重比较高,不仅高于三个发达国家,而且高于俄罗斯、巴西和印度。事实上除了中国以外,其余七个国家增加值投入和中间投入占总产出的比重都差不多。第二,三个发达国家服务性投入占中间投入的比重比较高,其次为俄罗斯、巴西和印度,中国则最低。相反,三个发达国家物质性投入占中间投入的比重最低,其次为俄罗斯、巴西和印度,中国则最高。第三,三个发达国家服务性投入占总产出的比重比较高,其次为俄罗斯、巴西和印度,中国则最低。相反,三个发达国家物质性投入占总产出的比重最低,其次为俄罗斯、巴西和印度,中国则最高。

根据上述分析可以看出,中国国民经济总产出中物质性投入所占比重过大,而服务性投入所占比重过小,这样的特点不仅相对于美日等发达国家比较明显,就是相对于俄罗斯、巴西和印度等经济发展水平较接近的国家而言也是比较明显的。这就证明了即使考虑到发展阶段的因素,中国经济增长中物质性投入所占比重确实比较大。

表6.1　中国和印度与部分国家投入—产出关系比较

国民	德国	日本	美国	中国	俄罗斯	巴西	印度
年份	1995	1995－1997	1997	2000	2000	2000	1998－1999
增加值投入占总产出的比重	50.0	55.2	56.5	35.9	51.5	49.1	53.3

① 详见中国投入产出表2007年。

续表

国民	德国	日本	美国	中国	俄罗斯	巴西	印度
中间投入占总产出的比重	50.0	44.8	43.5	64.1	48.5	50.9	46.7
服务性投入占中间投入的比重	50.7	43.2	47.6	19.0	32.5	30.9	29.5
物质性投入占中间投入的比重	49.3	56.8	52.4	81.0	67.5	69.1	70.5
服务性投入占总产出的比重	25.3	19.4	20.7	12.2	17.5	17.8	15.4
物质性投入占总产出的比重	24.7	25.5	22.8	52.0	31.0	33.1	31.3

注1:本表是根据程大中论文《中国生产性服务业的水平、结构及影响—基于投入产出法的国际比较研究》中表1数据经过整理而得。

注2:增加值占总产出的比重=增加值/国民经济总产出,中间投入占总产出的比重、服务性投入占中间投入的比重、服务性投入占中间投入的比重、物质性投入占中间投入的比重、服务性投入占总产出的比重和物质性投入占总产出的比重计算方法与此相同。

二、中国和印度资源消耗情况分析

各国在经济发展过程中对资源的消耗是必不可免的,但是各个国家对资源的消耗程度是不一样的,发达国家与发展中国家资源消耗程度是不一样的,不同发展中国家资源消耗程度也是不一样的。本部分将中国和印度以及部分国家资源消耗情况进行比较,并且将这些国家能源消耗情况进行比较。

(一)中国和印度能源消耗情况比较

表6.2　　中国和印度与部分国家能源消耗情况比较(2000年)

各类指标	德国	日本	美国	中国	俄罗斯	巴西	印度
能源消费总量(万吨标准煤)	46082	65966	298696	113923	82984	17042	42267
每吨标准煤产出GDP(美元)	4666.89	5973.53	2922.00	830.64	340.67	4618.00	979.72

续表

各类指标	德国	日本	美国	中国	俄罗斯	巴西	印度
1 亿美元 GDP 消耗能源(万吨标准煤)	2.14	1.67	3.42	12.03	29.35	2.16	10.20

数据来源:节能减排网,http://www.jnjpw.cn"世界各国 GDP 能耗比较"。

从上表可以看出,能源消费总量方面,中国、俄罗斯和印度能源消费总量都比较高,中国在这四个国家中能源消费总量是最高的,并且中国能源消费总量仅次于美国。每吨标准煤产出 GDP 方面,中国、俄罗斯和印度每吨标准煤产出 GDP 都比较低,俄罗斯最低,中国仅仅高于俄罗斯,但是低于巴西和印度。中国、俄罗斯和印度三个国家每吨标准煤产出 GDP 远远低于美国、德国和日本三个发达国家。1 亿美元 GDP 消耗能源方面,中国、俄罗斯和印度 1 亿美元 GDP 消耗能源都比较高,远远高于美国、德国和日本三个发达国家。由上表可见,中国 1 亿美元 GDP 所消耗的能源是 12.03 万吨标准煤,大约是日本 1 亿美元 GDP 所消耗能源的 7.20 倍、德国的 5.62 倍、美国的 3.52 倍、印度的 1.18 倍、世界平均水平的 3.28 倍。由于经济发展水平的原因,中国单位 GDP 能耗超过美日等发达国家自然是情理之中的事,但超过印度实在有些让人费解,毕竟中印发展水平相对比较接近,这表明即使考虑到经济发展阶段因素,中国单位 GDP 能耗也是比较严重的。

(二)中国和印度资源原材料消耗情况比较

在进行资源消耗状况的国际比较中,五类资源原材料消耗数据比较容易计算得出,这五类资源原材料消耗包括一次能源消耗、淡水使用量、水泥消费量、成品钢材、消费量和常用有色金属消费总量。中国和印度以及部分国家五类资源原材料消耗占世界的份额以及分项节约指数如表 6.3 和表 6.4 所示。

表6.3　中国和印度与部分国家五类资源原材料消耗占世界的份额(2003年)

(单位:%)

五类资源原材料	德国	日本	美国	中国	俄罗斯	巴西	印度
水资源	1.392	2.749	14.054	15.805	2.319	1.651	15.038
一次能源	3.388	5.152	23.454	12.287	6.703	1.837	3.575
成品钢材	3.861	8.410	11.561	26.627	2.481	1.828	3.473
水泥	1.684	4.534	6.053	45.608	2.252	1.937	5.991
常用有色金属	6.559	6.909	17.660	19.121	2.659	2.035	2.781

注1:数据来源:2006中国可持续发展战略报告,"基于节约指数的资源消耗国际比较"。

表6.4　中国和印度与部分国家五类资源原材料分项节约指数(2003年)

五类资源原材料	德国	日本	美国	中国	俄罗斯	巴西	印度
水资源	0.209	0.230	0.463	4.022	1.931	1.209	9.029
一次能源	0.508	0.432	0.772	3.127	5.583	1.345	2.146
成品钢材	0.579	0.705	0.379	6.776	2.067	1.339	2.085
水泥	0.253	0.380	0.199	11.607	1.876	1.419	3.597
常用有色金属	0.984	0.579	0.582	4.866	2.215	1.491	1.669

注1:数据来源:2006中国可持续发展战略报告,"基于节约指数的资源消耗国际比较"。

从表6.3可以看出,相比较发达国家而言,中国、印度、俄罗斯和巴西五类资源原材料消耗占世界的份额都不算小,尤其是中国五类资源原材料消耗占世界的份额在这四个国家中是最高的。巴西五类资源原材料消耗占世界的份额虽然比较小,但是巴西经济规模在这四个国家中是最小的。虽然美国五类资源原材料消耗占世界的份额比较大,但是美国是世界上经济规模最大的国家,所以资源消耗量相应比较大。

从表6.4可以看出，相比起发达国家而言，中国、印度、俄罗斯和巴西五类资源原材料分项节约指数都偏高，反映出这四个国家资源原材料消耗情况比较严重。从总体上看，中国的资源原材料分项节约指数在这四个国家中还是最高的，其次为俄罗斯和印度，巴西则比较低，反映出中国资源原材料消耗情况在这四个国家中最严重，其次为俄罗斯和印度，巴西则比较轻微。

三、中国和印度环境污染情况分析

同样，各国在经济发展过程对环境污染也是必不可免的，但是各个国家对环境污染程度是不一样的，发达国家与发展中国家环境污染程度是不一样的，不同发展中国家环境污染程度也是不一样的。本部分将中国和印度以及部分国家环境污染程度进行比较，比较结果如表6.5所示。

表6.5　　中国和印度与部分国家环境污染情况

国家	德国	日本	美国	中国	俄罗斯	巴西	印度
2005年二氧化碳排放量（千吨）	783982	1230027	5776432	5547758	1503303	325448	1402359
2003年人均二氧化碳排放量（吨）	9.8	9.6	19.9	3.2	10.3	1.6	1.2
2001年单位GDP有机水污染排放量	2.01	1.12	0.71	18.9	17.68	4.52	11.87
2001年单位工业增加值有机水污染排放量	6.69	3.62	3.11	37.80	49.11	20.54	45.66
2003年单位GDP二氧化碳排放量	0.355	0.279	0.523	2.625	3.527	0.615	1.748

注 1:2005 年二氧化碳排放量和 2004 年有机水污染物排放量数据来源于:世界银行.世界发展指标数据库(http://www.worldbank.org.cn)。

注 2:2004 年有机水污染物排放量数据来源于:《世界统计年鉴 2008 年》

注 3:2001 年单位 GDP 有机水污染排放量、2001 年单位工业增加值有机水污染排放量和 2003 年单位 GDP 二氧化碳排放量数据来源于:2006 中国可持续发展战略报告,“节约型社会的理论框架及支撑体系”。

从表 6.5 可以看出,相比起发达国家而言,中国、印度、俄罗斯和巴西除巴西以外环境污染情况都比较严重。2005 年二氧化碳排放量方面,中国仅次于美国,俄罗斯和印度二氧化碳排放量也比较大,高于日本。巴西二氧化碳排放量大约是德国的一半,还比较轻微。考虑到经济规模因素,中国经济规模远不如美国,但是中国二氧化碳排放量却与美国相当,印度和俄罗斯经济规模不如日本和德国,但是二氧化碳排放量却超过日本和德国。巴西经济规模不如德国,但是巴西二氧化碳排放量大约是德国的一半,因此,中国、印度、俄罗斯和巴西除巴西以外二氧化碳排放量还是比较高的。2003 年人均二氧化碳排放量方面,中国、印度、俄罗斯和巴西除俄罗斯以外,人均二氧化碳排放量都比较低,并且低于发达国家。但是考虑到中国和印度人口比较多,所以自然人均二氧化碳排放量比较低。2001 年单位 GDP 有机水污染排放量方面,中国、印度、俄罗斯和巴西除巴西以外,单位 GDP 有机水污染排放量都比较高,中国和俄罗斯最高,印度则是其次,并且中国、印度、俄罗斯和巴西单位 GDP 有机水污染排放量都高于美国、日本和德国。2001 年单位工业增加值有机水污染排放量方面,中国、印度、俄罗斯和巴西单位工业增加值有机水污染排放量都比较高,都远远高于美国、日本和德国。其中俄罗斯和印度最高,其次是中国,巴西相对比较轻微。2003 年单位 GDP 二氧化碳排放量方面,中国、印度、俄罗斯和巴西除巴西以外,单位 GDP 二氧化碳排放量都比较高,也都远远高于美国、日本和德国。其中俄罗斯和中国最高，其次是印度，巴西单位 GDP 二氧化碳排放量相对比较轻微，和美国差不多。

中国、印度、俄罗斯和巴西资源消耗和环境污染情况之所以不同，很大程度上是与这四个国家产业结构不同相关的，不同产业结构所导致的资源消耗和环境污染情况是不同的，而中国、印度、俄罗斯和巴西产业结构的差异是很大的。

俄罗斯方面，俄罗斯经济转轨以来远未摆脱苏联经济的烙印，经济结构畸形，尤其是能源、原材料部门比重过大的特征始终未有得到根本改变。这使俄工业结构从以重工业为主导转向以能源、原材料工业为主导，并呈现出一种“退化性的逆工业化趋势”，从而也导致俄罗斯资源消耗和环境污染情况比较严重。

中国方面，过去 20 多年的我国经济实现高速增长，但是产业结构不合理的现象比较突出，我国目前的产业结构的明显特征是农业和服务业在国民经济中所占比重比较小，而制造业在国民经济中所占比重比较大，我国制造业的国际竞争优势主要集中在中低端，制造业中很多产业都是资源消耗严重并且污染环境严重的产业。三大产业结构的失调及高耗费、高污染的产业结构对生态及经济的可持续发展构成了严重的威胁。

印度方面，相比起中国和俄罗斯而言，印度的产业结构中服务业所占比重比较大，制造业所占比重比较小，因此相比中国和俄罗斯而言印度的资源消耗和环境污染情况要轻微一些。但是印度在发展可替代性能源、节能减排技术和循环经济方面要比巴西落后，再加上印度人口膨胀给环境带来的压力，所以印度的资源消耗和环境污染情况要比巴西严重得多。

巴西方面，巴西的产业结构中，自然资源采集业和初级产品加工业占有很大的比重，这些产业对资源消耗和环境污染都比较轻。再加上巴西在发展可替代性能源、节能减排技术和循环经济方面走在四国前面,所以中国、印度、俄罗斯和巴西四国中巴西的资源消耗和环境污染情况要轻微的多。

资源消耗和环境污染经济增长与环境污染问题一直是许多学者研究的内容,并且也有一些理论成果,其中具有代表性的是环境库兹尼茨(kuznets)曲线假说。1992 年美国经济学家格鲁斯曼(Grossman)和克鲁格(Krueger)在对世界上 66 个国家的不同地区内 14 种空气污染和水污染物质并且 12 年(空气污染物:1979 - 1990;水污染:1977 - 1988)的变动情况进行研究后发现,污染程度随人均收入增长先增长而后又下降,其峰值大约位于中等收入阶段,即大多数污染物质的变动趋势与人均国民收入水平的变动趋势呈倒 U 形关系,于是他们于 1995 年提出了“环境库兹涅茨曲线(EKC)”假说。环境库兹涅茨曲线(EKC)假说认为,在经济发展处于较低水平时,环境污染会随经济增长而更加严重,当经济发展到较高水平时,环境污染会随经济增长逐渐降低。

中国处于工业化的中期阶段,在发展经济的过程中和其他发展中国家一样,也遇到了“两难选择”。而有些人引用外国经验认为环境库兹涅茨曲线的转折点是人均 GNP 在 4000 ~ 5000 美元。中国目前人均国民生产总值只有 3000 多美元,所以可以走上了“先污染,后保护,先破坏,后治理”的道路。但是既定形式的 EKC 反映特定时期的经济环境,它不是一成不变的,而是有一个动态变化的过程,在政府宏观环境政策的干预下,完全有可能在比预期更低的收入水平上实现环境质量的改善。不少研究环境污染与经济增长关系的文献都认为经济增长并不会自动地导致更高的环境质量,环境库兹涅茨曲线只有在环境政策的干预下才有可能出现,如果没有环境政策的干预,环境污染水平不会随着经济的增长而自动下降。

根据本部分的分析结果，对于处同一经济发展阶段的中国与巴西来说，巴西的环境污染问题要轻微的多，这给我们提供了一个很大的启示：环境库兹涅茨曲线研究的是世界各国经济增长与环境污染平均情况，但是如果在政府宏观政策干预的条件下，处于同一经济发展水平的国家，环境污染要轻微一些，甚至要轻微很多。因此只要加强环保科技的研发和投入，并且做好宣传、推广和应用工作，加快制定相应的环保政策和严格的环境质量标准，严格执行环境保护法律，相信我国一定能够走一条“增长快、污染少”的新型发展道路。

四、本章结论

通过本章的实证分析可以得出几点结论：1）中国经济增长中物质性投入所占比重过大，而服务性投入所占比重过小，这样的特点不仅相对于美、日等发达国家比较明显，就是相对于俄罗斯、巴西和印度等经济发展水平较接近的国家而言也比较明显。2）相比起发达国家而言，中国和印度资源消耗情况都比较严重。3）相比起发达国家而言，中国和印度环境污染情况都比较严重。4）中国和印度资源消耗和环境污染情况之所以不同，很大程度上是与中国和印度产业结构不同相关的。5）就中国而言，中国目前的资源利用不够合理，浪费和破坏现象严重，能源利用效率低下，直接加剧了资源的供需矛盾。总之，我国现行的经济发展方式仍然是高增长、高消耗和高污染，经济发展方式仍然比较粗放，因此，迫切需要进行经济发展方式的转换。

第七章　中国和印度贫富差距比较分析

中国和印度作为世界上两个发展中国家，经过成功的经济体制改革，两国都实现了较快的经济增长速度，但是与此同时，世界上大多数的贫困人口在中国和印度，中、印两国都面临着贫富差距扩大等社会问题。中国方面，改革开放20多年来，取得了举世瞩目的经济成就，国民经济实现持续、快速和稳定发展，社会生产力和国家综合实力不断增强，人民生活水平得到明显提高，中国人民生活水平在20世纪末就已经总体上达到了小康水平。但是，在实现经济高速增长的同时，中国贫富差距问题却越来越明显。几乎所有的专家学者们的研究结果表明，中国的基尼系数已经超过国际公认的0.4警戒线，中国已经成为世界上贫富差距最大的国家之一。印度方面，近年来印度经济也以比较快的速度增长，印度经济增长的成就也是举世公认的。如今的印度有着发达的软件产业，有着世界一流的工业园区，但是印度也拥有世界上最大的贫民窟，印度低于政府制定的贫困线的人口占总人口的25%以上。贫富差距过大问题已经严重影响了印度经济社会的健康发展。因此，通过比较和分析中印两国贫富差距问题，尤其是比较和分析中印两国在有效治理贫富差距扩大的对策措施方面，对于中国如何有效缓解和解决贫富差距问题，都具有极其重要的理论意义和实际参考价值。

一、衡量贫富差距的指标—基尼系数

基尼系数通常被经济学家们用来表现一个国家和地区的财富分配状况。基尼系数(Gini·Coefficient)是意大利经济学家基尼(Corrado Gini,1884－1965)于1922年提出来的,它是综合考察居民收入分配差异状况,并且测量居民收入分配差异程度的一个重要指标。基尼系数的经济含义是:在居民全部收入中,用于进行不平均分配的那部分收入占总收入的比重。基尼系数最大值为“1”,表示居民之间的收入分配绝对不平均,即全部的收入被一个人全部占有了;基尼系数最小值为“0”,表示居民之间的收入分配绝对平均,即人与人之间的收入没有任何差异,人与人之间完全平等。但是这两种极端情况在现实生活中一般不会出现,只具有理论意义。因此,基尼系数的实际数值只能介于0和1之间。此外,洛伦茨曲线与基尼系数之间密切相关,洛伦茨曲线是推导基尼系数的工具,洛伦茨曲线的弧度越小,表示基尼系数也越小,洛伦茨曲线的弧度越大,表示基尼系数也越大。

按照联合国有关组织规定,如果一个国家基尼系数数值低于0.2,则表示这个国家居民收入分配绝对平均;基尼系数数值在0.2到0.3之间,表示这个国家居民收入分配比较平均;基尼系数数值在0.3到0.4之间,表示这个国家居民收入分配相对合理;基尼系数数值在0.4到0.5之间,表示这个国家居民收入分配差距较大;基尼系数数值在0.5以上表示这个国家居民收入分配差距悬殊。通常把基尼系数数值为0.4作为衡量居民收入分配差距悬殊的标志。发达国家的基尼系数数值一般比较低,基尼系数数值在一般0.24到0.36之间,美国的基尼系数数值超过0.4,其基尼系数偏高,中国的基尼系数更高,其基尼系数接近0.5。由于基尼系数能够比较客观地反映出居民之间的贫富差距,这给学者们研究一个国家或者一个地区贫富差距提供了参考,因此得到世界各国的广泛认同和普遍采用。

二、中国和印度贫富差距的基本情况

随着中印两国经济的高速增长,中印两国贫富差距也在逐渐扩大。但是,根据世界银行统计数据,中国贫富差距比印度要更为严重,中国的基尼系数已经超过了的国际公认的警戒线,而印度的贫富差距却被控制在相对比较合理的范围内。表7.1与表7.2显示的是中国和印度贫富差距方面的数据。

表7.1　中国和印度所选年份收入或消费占全部收入或消费的比重与基尼系数数据

国别	年度	收入或消费占全部收入或消费的比重					基尼系数
		最低20%	第二个20%	第三个20%	第四个20%	第五个20%	
中国	1995	5.5%	9.8%	14.9%	22.3%	47.5%	0.41
中国	1998	5.9%	10.2%	15.1%	22.2%	46.6%	0.40
中国	2001	4.66%	9.00%	14.22%	22.13%	49.99%	0.45
中国	2004	4.25%	8.48%	13.68%	21.73%	51.86%	0.47
中国	2005	5.73%	9.80%	14.66%	22.00%	47.81%	0.42
印度	1994	9.2%	13.0%	16.8%	21.7%	39.3%	0.30
印度	1997	8.1%	11.6%	15.0%	19.3%	46.1%	0.38
印度	2000	8.90%	12.30%	16.00%	21.20%	43.30%	0.33
印度	2001	–	–	–	–	–	0.37
印度	2004	8.08%	11.27%	14.94%	20.37%	45.34%	0.37
印度	2005	8.08%	11.27%	14.94%	20.37%	45.34%	0.37

注:数据来源:国家统计网站－国际统计数据,http://www.stats.gov.cn。

表 7.2　中国和印度所选年份人均生活费不足 1.25 美元人口与人均生活费不足 2 美元所占比例

国别	人均生活费不足 1.25 美元人口所占比例				人均生活费不足 2 美元人口所占比例			
	1995	1998	2001	2005	1995	1998	2001	2005
中国	22.4%	18.4%	12.6%	4.0%	38.5%	34.1%	25.4%	12.2%
印度	–	–	–	10.5%	–	–	–	29.5%

注:数据来源:世界银行网站 – 世界发展指标数据,http://www.worldbank.org.cn。

据表 7.1 可以得知,在 1995 到 2005 年所选年份内,中国最低收入 20% 的人口所拥有的财富远远低于印度,中国最高收入 20% 的人口所拥有的财富远远高于印度。尤其是 2005 年,中国总人口中 20% 的最低收入人口占总收入的份额仅仅是 4.25%,而总人口中 20% 的最高收入人口占总收入的份额却高达 51.86%,而印度同期相应数据分别是 8.08% 和 45.34%。虽然在 1995 到 2005 年所选年份内,中国和印度基尼系数都呈现出逐步上升的趋势,但是中国的基尼系数却远远大于印度。在 1995 年到 2005 年所选年份内,中国基尼系数都大于 0.4 这一国际公认的贫富差距"警戒线",但是同期印度基尼系数却被控制在相对合理范围之内,没有超出 0.4 这一国际公认的贫富差距"警戒线"。

据表 7.2 可以得知,在 1995 到 2005 年所选年份内,中国人均生活费不足 1.25 美元人口所占比例和人均生活费不足 2 美元人口所占比例呈现出逐年降低的趋势,并且两者都远远低于印度。国际上一般将人均生活费不足 1.25 美元人口所占比例作为一国贫困人口的标准(2008 年世行已将贫困线标准从每天 1 美元调到 1.25 美元 = 8.5 元人民币),中国这项指标远低于印度,这反映出中国在经济发展和扶贫方面取得了巨大的成就。

但是,中国和印度制定的扶贫标准却相差很大,中国的"国家贫困标准"是人年均纯收入 785 人民币(农村为人年纯收入 683 元人民币),国务院扶贫办2007年12月公布的数据显示,中国农村贫困人口2148万人,全国贫困人口不足4000万人,“国家贫困人口比例”约3%。按照此标准,中国是全球“国家贫困人口比例”最低的国家之一。值得一提的是,中国在“十二五”规划的第一年(2011年),将贫困人口标准上调到人均纯收入1500元水平,这比2008年和2009年的贫困标准(1196元)提高了25%。与此同时,由于提高了贫困标准,中国贫困人口总数将大增,将升至9000多万。但是,即使采用新的贫困人口标准标准,中国贫困人口标准还是低于印度,更难以达到国际贫困人口最低标准。近期印度的贫困人口标准有所上调,印度的贫困人口标准上调到人均每天消费接近1.2美元的水平(按照购买力平价),这已经相当接近国际上一般采用的贫困人口标准(人均每天消费1.25美元)。而按照购买力平价法测算,中国2008年和2009年贫困人口标准只相当于人均每天消费0.89美元的水平。不过按照印度政府现行规定的贫困人口新标准,2010年印度全国贫困人口总数达3.72亿,远远超过中国的贫困人口数。

经过比较表7.1和表7.2中数据,我们可以发现,虽然在1995到2005年所选年份内,中国人均生活费不足1.25美元人口所占比例和人均生活费不足2美元人口所占比例都远远低于印度,但是中国基尼系数却高于印度,并且中国最低收入20%的人口所拥有的财富远远低于印度,中国最高收入20%的人口所拥有的财富远远高于印度。这说明了改革开放以来,尽管中国经济发展取得了巨大成就,但是居民收入分配不公平程度却大大增加,这是中国政府必须解决的棘手问题。

三、 中国和印度产生贫富差距的基本原因

中印两国各自贫富差距产生并扩大的原因是复杂的,也是多方

面的,总体来说,中印两国贫富差距产生并扩大的原因既有共同之处,也有各自的特殊因素。

(一)中国产生贫富差距的基本原因

中国现阶段贫富差距问题扩大,是由多种原因造成的。我们认为,导致中国贫富差距有以下四个方面原因。

1.“效率优先、兼顾公平”政策的实施

当前,中国仍然处于社会主义初级阶段,生产力还不发达是中国面临的最大问题。邓小平同志指出:“搞社会主义,一定要使生产力发达,贫穷不是社会主义。我们坚持社会主义,要建设对资本主义具有优越性的社会主义,首先必须摆脱贫穷。”因此,为了尽快提高我国生产力,党中央提出“效率优先、兼顾公平”的原则。按照这一原则,我们允许和鼓励一部分人、一部分地区先富起来,先富带动后富,最终实现共同富裕。在改革开放初期,这一政策对于提高中国经济增长的速度的确起到了巨大的作用。但是,这一政策还没有得到完全的落实,因为先富起来的人并没有有效地带动其他人实现共同富裕,先富起来的地区也没有有效带动其他地区实现共同富裕,从而拉大了人与人之间,地区与地区之间的贫富差距。

2. 税收制度和社会保障制度不完善

健全的税收制度对于有效缓解一个国家贫富差距扩大化的问题是毋庸置疑的,因此,健全的税收制度对一个国家至关重要。发达国家无论是从绝对数量上还是从税率上来看,收入比较高的人群比收入低的人群要缴纳比较多的税收。然而让人感到奇怪的是,在福布斯中国富豪榜上排行靠前的中国富豪们,却没有出现在缴税排行榜的前列。这充分说明了目前中国的税收制度不健全,中国的税收制度没有起到缩小贫富差距的作用。事实上,中国目前贫富差距扩大化,部分原因就是缺乏合理有效的税收制度,从而对高收入群体没有进行有效的“限高”。除了合理的税收制度外,完善的社会保障制度也是必须的,完善的社会保障制度对于缓解贫富差距扩大的问题具有重要的作用和意义。然而,中国的社会保障制度同样不完善,社会转移支付严重滞后于实际需要。在这种情况下,一些弱势群体由于自身的贫困再加上得不到政府的足额转移支付,从而使自身的经济状况进一步恶化,整个社会的贫富差距也因此被不断拉大。

3. 垄断行业收入过高

垄断行业是指依靠国家特殊政策获取超额垄断利润的行业,另外,还有一部分垄断行业是由生产技术决定其垄断地位的(比如水、电等行业)。由于垄断行业内部职工收入过高从而导致中国目前收入差距扩大,这种以垄断为基础的收入差距是违背市场经济规则的。现阶段,中国垄断行业导致收入差距扩大化是基于以下几个方面原因:首先,垄断行业本身垄断程度过高,行业内部没有或缺乏合理的竞争机制;其次,垄断行业产品或服务价格的形成机制不合理,从而导致垄断行业产品或服务价格偏高;再次,各级政府的财政收入中相当大部分是通过垄断行业取得的,因此可能对垄断行业的某些做法听之任之,甚至加以保护。目前,政府通过个人所得税对垄断行业中职工过高的收入进行调节,其效果是非常有限的,这种做法既不会有效降低垄断行业职工过高的收入,也不会有效降低大大高于平均利润的垄断利润。为了解决垄断行业收入过高的问题,我们必须借鉴发达国家的成熟经验,以法律和法规的形式,规范垄断行业职工收入来源,从而限制垄断行业职工过高的收入。

4. “体制内”平均主义与“体制外”收入差距过大并存

我国当前的收入分配情况是“体制内”平均主义与“体制外”收入差距过大并存。体制内的收入差距在不断缩小,这会带来一系列的问题，优秀的管理和技术人员就会因此而工作动力不足。当前城镇职工收入的差距主要来源于体制外收入。体制外收入的来源可以归为以下几个方面：单位大面积的创收所得、个人合法的制度外收入补充、个人利用手中权利获得大量回扣、其他的非法收入。简而言之，当前财富的来源无非三条渠道：一是红色收入，即人们依靠个人努力，通过正规途径所获得的财富收入；二是灰色收入，即利用法律的漏洞，通过不正当途径而获取的收入；三是黑色收入，即通过非法手段，贪污受贿所获得的收入。如果我们把通过市场调节而实现的居民收入分配称为初次分配，通过政府的宏观调控而实现的居民收入分配称为第二次分配，那么，这种通过灰色收入和黑色收入而实现的居民收入分配称为第三次分配。体制外收入差距扩大就是由灰色收入和黑色收入引起的。灰色收入和黑色收入严重扰乱了我国居民收入分配秩序，导致我国居民收入差距越拉越大。

（二）印度产生贫富差距的基本原因

除了财富分配不均的原因，印度社会根深蒂固的种姓制度进一步加深社会分化。种姓制度以人种和社会分工不同为基础，出身于低种姓的人处于天然劣势，教育和就业机会有限，陷入贫困落后的恶性循环。

1. 政府政策因素

印度政府为了促进经济发展，在 20 世纪 90 年代实施了新经济政策。全球化、自由化和私有化是新经济政策的主要内容。新经济政策的执行，一方面加快了国家经济的增长速度，另一方面拉大居民收入分配差距。因此，新经济政策的实施总体来说更有利于富人，对穷人来说新经济政策带来的实惠是极其有限的。经济的全球化使印度农业受到致命打击，印度农村经济发展缓慢，从而加大了城乡差距。经济的自由化使得城市在资源分配以及发展机会等方面占有优势,这又导致城市发展速度远远高于乡村。受城市较高生活水平的吸引,大量农民纷纷流入城市,这又造成城市大量贫民的出现。在印度的第一大城市孟买,就拥有世界上最大的贫民窟。同时,经济的私有化又极大助长了印度的贫富差距。在特定历史时期,新经济政策固然有其可取之处,但是在应该体现社会公平之时,往往由于国家政策的缺位使原有政策运行出现走样,这会导致贫富差距扩大。

2. 宗教和种姓制度

种姓制度是印度社会特有的等级制度,是造成印度居民贫富差距的一个最特殊的原因。按照种姓制度的规定,某些种姓的人只能从事与其种姓地位相对应的工作,这种规定很难使人员进行合理流动,从而不利于资源的优化配置。种姓制度长期以来一直根深蒂固于人们的心里,正是由于这种等级意识,使处在下层的人民有安于现状的心里,也就无法自发地打破贫富差距过大这一现状,反而使贫富差距越拉越大。在这种情况下,印度的庞大的贫困人口数量就得不到有效控制,在长期内,贫困人口数量反而得到较快增长。此外,印度社会具有的浓厚宗教氛围,这使得很多印度人具有典型的宿命论的人生观,怀有这种人生观的人遇事喜欢听天由命和随遇而安,这也会助长印度的贫富差距。

3. 财税体制因素

印度现行的财税体制并不利于缩小贫富差距,在印度现行的财税体制下,印度财政收入的主要来源可分为三大项——税收、透支和内债,其中税收占财政收入的最大比例(达到86%以上),而在税收收入中,间接税占较大比例(达到75%以上),直接税占较小比例(达到25%以上)。印度在税制改革中,间接税在税收收入中所占比重加大,直接税在税收收入中所占比重缩小。在总税额中,直接税(主要由高收入阶层所负担)所占比重由36.8%下降至13.6%,而间接税(主要由广大普通民众所负担)所占比重则由63.2%上升至86.2%。由此可见,印度的财税体制有利于富人,而不利于穷人,并且直接税与间接税的比例也不利于缩小贫富差距,这些都会导致印度的贫富差距越拉越大。

4.产业差异因素

印度的产业内部和产业之间的差异是巨大的,而产业内部和产业之间的差异也会导致贫富差距。在农业生产活动中,有的农户由于经济实力雄厚,使用较为现代的农业机械,实行大规模机械化生产,而有的农户由于经济实力较差,依然使用极为传统的农业生产工具,并且用手工方式进行生产。在工业生产活动中,一些大型企业由于实力雄厚,使用大量先进的机器设备甚至自动化设备进行生产,因而劳动生产率比较高,企业利润也比较高。而大多数中小企业由于缺乏资金,使用较为落后的生产工具进行生产,因而劳动生产率比较低,企业利润也比较低,这些都会导致印度社会的贫富差距问题。另外,由于农业部门的劳动生产率低于工业部门,因此,工业部门只要提供比农业部门略高一点的工资,就可以吸引源源不断的农村劳动力来工业部门就业,因此这会给城市居民带来竞争,也会拉开城镇居民之间收入上的差距。由于印度各产业之间以及产业内部发展的不平衡,必然会使印度社会财富分配失衡。

四、中国和印度缩小贫富差距的基本对策

(一)中国缩小贫富差距的基本对策

中国政府已经认识到了贫富差距的严重性。近些年来,中国政府通过实施各项政策着力提高低收入者收入水平,逐步扩大中等收入者占总人数比重,有效调节高收入者过高收入,从而规范个人收入

分配秩序,进一步努力缓解地区之间和部分社会成员之间收入分配差距扩大的趋势。

1. 提高低收入人群的收入水平并且降低垄断收入

针对我国低收入群体的现况,政府采取了一些措施:免除农民的各种税费、给农民尤其是种地农民大量的补贴、大幅提高国家公务员以及事业单位职工的工资水平、大幅提高城镇职工的最低工资水平和最低生活保障线。针对我国一些垄断行业收入过高现状,政府也采取了一些措施:借鉴发达国家的成功经验,在垄断行业中引入竞争机制,从而降低垄断行业职工的过高收入;对少数必须由国家垄断经营的行业,通过法律法规加强这些垄断行业的收入分配的监督和管理。

2. 完善财税和社会保障制度

目前中国所得税的纳税主体仍然是工薪阶层,而不是高收入阶层,这充分说明中国财税制度的不合理,这也是中国贫富差距扩大的重要原因之一。因此,必须进一步健全中国的税收制度,要充分发挥税收在调节居民收入分配方面的功能。因此,中国政府正在逐步健全税收制度,如:完善个人所得税制度,征收赠与税、遗产税和奢侈消费税等。此外,还逐步加大财政转移支付力度,以提高低收入人群的生活水平。

西方发达资本主义国家之所以能较好地解决贫富差距问题,其原因之一就是西方发达资本主义国家拥有比较完善的社会保障体系。而相比之下,中国的社会保障制度还不完善,社会保障工作还有很长的路要走。在严峻的贫富差距形势面前,中国政府已经认识到建立完善的社会保障体系对于缩小贫富差距形势的重要性,认识到完善的社会保障体系不但关系到亿万人民群众能否安居乐业,还关系到亿万个家庭的和睦以及整个社会的稳定,认识到完善的社会保障体系是构建和谐社会的一个重要基础。因此，中国政府借鉴西方发达资本主义国家的经验，正在建立一套完善的能够覆盖全国所有人口（包括农民）的社会保障体系。

3. 加强法制建设

针对改革开放以来，一些人为了致富而不择手段的现状。中国政府加强了相关法制建设，并通过公检法等权力机关严厉打击违法乱纪、权钱交易以及贪污腐化等丑恶社会现象；增加体制外收入的透明度，实行部分家庭收入来源申报制度，从而有利于对居民整体收入进行统计分析；建立相关法律，鼓励先富起来的人承担更多的社会责任，如：兴办教育、兴办慈善事业以及修公路铁路等。通过这些措施可以有效规范中国收入分配秩序，从而有效解决中国贫富差距过大问题。

4. 继续实施“两大战略”

改革开放以来，由于享受了国家的优惠政策，东部地区快速发展起来，目前东部地区的经济发展水平已远远超过了中、西部地区，正在赶超发达国家水平。为了解决日益扩大的地区差距，党中央先后提出了“西部大开发”和“中部崛起”的伟大战略。实践证明，两大战略在缩小收入差距方面发挥了一定的作用，但是就目前而言，总体效果还不太明显，东部、中部和西部地区差距仍然明显。因此，政府进一步采取措施，继续加大对中部、西部地区的转移支付力度；加强中西部地区各项基础设施建设，为中西部地区经济发展创造良好条件；优化中西部地区投资环境，努力吸引国内国外投资者到到中西部地区投资；调到东部的资金、技术以及人才到中西部地区。通过这些政策有助于加快中西部地区的经济发展，缩小中西部地区与东部地区的经济差距，提高中西部地区人民群众的生活水平，从而最终有助于缩小中、西部地区与东部发达地区的贫富差距。

（二）印度缩小贫富差距的基本对策

印度政府早已注意到印度的不平等问题，为了缓解印度地区之间和部分社会成员收入分配差距扩大的趋势，印度政府进行着不断的探索和改造。

1. 促进经济发展政策

印度政府逐渐认识到，要想缩小贫富差距，从而实现社会公平，就必须以高速经济增长作为基础。因为如果没有相应财力保证，社会公平方案就难以实施，社会公平方案就只是空中楼阁。因此，印度加快实施以促进增长为取向的经济政策，以加快印度经济发展。主要内容是：继续实施1991年以来经济自由化改革，以消费刺激经济增长；创造一个宽松的投资环境，以吸引国内外投资者进行投资。2003年以来，印度的经济增长率赶上了中国，并且呈现出良好的经济增长态势。目前，印度经济呈现高速增长的“印度现象”已经引起了国际学术界的高度重视和评价。印度经济高速增长也带来了大量就业岗位，从而相应也有利于缩小印度社会贫富差距。

2. 着力解决种姓制度压迫

在解决种姓压迫问题方面，印度政府作了许多努力，印度政府制定出了一系列法律、法规和政策措施，以此推动印度社会各阶层实现平等。同时，低等种姓阶层为了维护自身利益而与优等种姓阶层展开斗争。在政治方面，低等种姓阶层通过组织政党、参与民主选举，从而成为有影响力的社会集团；在社会行为方面，越来越多的低等种姓人员改变过去屈躬卑膝的做法，理直气壮地待人接物；在宗教信仰方面，由于长期以来低等种姓阶层对印度教的不满，再加上印度社会宗教信仰选择的自由性增加，大批的低等种姓成员改变宗教信仰，从而一些低等种姓成员不再有宿命式的人生观；在经济方面，低等种姓阶层也逐渐进入各种待遇较高的工作部门，并且通过努力工作积极改变着自身的经济状况和社会地位。

3. 实施财政改革

由于社会经济发展相对落后等因素，印度政府当前施行的是财政分税制，在这种财政体制下，财权高度集中于中央，这使得中央有雄厚的财政实力，从而有利于中央对整个国民经济进行宏观调控。但是，财政分税制又使地方财力虚弱，从而难以发挥地方政府的作用。因此，印度中央政府对财政有困难的地方政府给予一定经济援助。由于印度各邦经济发展水平不同，从而财力水平也不同，印度中央政府对各邦的援助方式进行了相应调整，目前印度中央政府对各邦的援助方式以税收分成及增款援助为主。同时，对经济发展水平较好的邦的援助以贷款为主，对经济发展水平落后的邦的援助以增款为主，这种以增款形式的援助可以尽可能避免经济发展水平落后的各邦的债务总额上升，从而缩小各邦之间的差异。

4. 巩固农业基础

印度是人口大国和农业大国，农业在国民经济中有着基础性地位，印度也非常重视农业领域改革，通过一些政策的实施以加强印度农业基础。这些政策是：1）印度政府财政政策逐渐向农业领域倾斜，城乡财政拨款比例保持在3∶2水平；2）在农业领域推行“绿色革命”，大力发展高效农业；3）鼓励发展劳动力密集型农业，鼓励发展农副产品加工和深加工产业，以增加农业领域就业岗位；4）重视农业科技的大面积推广，强化对农民的培训和再教育，以提高农民劳动生产率。通过这些政策的实施，可以缩小印度工农业之间的差异，从而有助于缩小印度贫富差距。

五、本章小结

随着中印两国经济的高速增长,中印两国贫富差距都在逐渐扩大,但是,中国贫富差距要远大于印度。中国产生贫富差距的基本原因是“效率优先、兼顾公平”政策的实施、税收制度和社会保障制度不完善、垄断行业收入过高以及“体制内”平均主义与“体制外”收入差距过大并存等;印度产生贫富差距的基本原因是政府政策因素、宗教和种姓制度、财税体制因素以及产业差异因素等。中国缩小贫富差距的基本对策是提高低收入人群的收入水平并且降低垄断收入、完善财税和社会保障制度、加强法制建设以及继续实施“两大战略”等;印度缩小贫富差距的基本对策是促进经济发展政策、着力解决种姓制度压迫、实施财政改革以及巩固农业基础等。

第八章　中国和印度产业结构比较

中国和印度在实现经济快速增长的同时，产业结构也出现了明显的变化，中国和印度三次产业产值在GDP中所占比重不断调整，三次产业对GDP的拉动率也不断变化，并且三次产业的就业结构也各有特点。本章重在分析中国和印度三次产业发展情况、三次产业对GDP的贡献率和拉动率以及三次产业就业结构，并且得出研究结论。

一、中国和印度三次产业发展情况

中国和印度都是农业大国，两国约占有世界21.4%的耕地面积（其中中国是10.1%，印度是11.3%）和6.7%的森林面积（其中中国是5.0%，印度是1.7%）。中、印两国农业经过多年的发展中，农业生产实现快速稳定增长，并且实现了粮食的自给，农业产业结构和生产经营方式也具有各自的特点。

（一）中国和印度第一产业发展情况

1. 中国第一产业发展情况

中国地域辽阔，自然资源丰富，耕地面积和森林面积均居世界前列。但是中国淡水资源比较匾乏，并且雨量分布不均，已经被联合国粮农组织列为13个贫水国之一，这并不利于农业生产的快速稳定发展。中国主要农作物有水稻、小麦、大豆、玉米、油菜、棉花、花生、甘蔗以及甜菜等。目前粮食、棉花、烟叶、油菜籽、蛋类、肉类、水产品以及蔬菜产量均居世界首位。

中国政府一贯重视农业发展，把“三农”问题作为农业发展的“重中之重”。1992 年以来中国政府采取了多项加快发展农业的改革措施（如资金融通和税收减免等），有效地促进了农业的发展并且较快提高了农民的收入。2006 年中国政府采取“三补贴一减免”的政策（宣布取消农业税，同时对种粮农民采取直补，并且对农民购置农机具和良种给与补贴），减轻农民负担的同时增加了农民的收入，标志着中国 2600 多年来政府向农村收取钱赋时代的已经结束，也标志着中国农业新时代的开始。中国粮食生产自从 2003 年以来连续多年获得丰收，与此同时，农业生产布局也进行了重大调整，逐步形成了主要农产品生产向优势产区集中的格局。目前，全国已经形成东北的大豆和玉米带、黄淮海地区花生和小麦带、长江流域油菜带以及新疆棉花产业带。

2. 印度第一产业发展情况

印度土地资源丰富，耕地面积约占国土面积的 50%，居亚洲各国之首。全年气温变化小，日照和雨量充足，粮食作物产地分布比较均匀，总体上讲，印度自然条件非常有利于农业的发展。印度主要农产品包括水稻、小麦、玉米、油菜籽、棉花、黄麻和茶叶等，其中黄麻产量居世界第一位，棉花、水稻和小麦居世界第二位。印度是世界上重要的水果、蔬菜、肉牛、茶叶和牛奶生产国，印度也是世界最大的豆类生产国之一（主要包括鹰嘴豆、黑豆、豌豆、绿豆和小扁豆）。

由于印度人口基数大，因此农业在国家的战略地位显得非常重要，历届印度政府都实行扶持农业的政策，坚持以价格补贴的方式，规定粮食购销价格，实施政府配售制度和建立缓冲库等措施来稳定农民的收入,通过就业、培训、扶贫和区域规划等综合手段,保护农民利益,保障农业稳定发展。在政府积极的农业政策促进下,印度农业实现快速稳定发展。

(二)中国和印度第二产业发展情况

1.中国第二产业发展情况

中国工业起步较晚,但发展速度很快,目前已经形成了门类比较齐全的产业体系,主要行业包括传统的轻纺、服装、食品、机械电子、冶金石化和汽车、造船、航天等,一些行业的产品在世界工业中占有重要地位。1992年,中共十四大报告明确提出把机械电子、汽车制造业、石油化工和建筑业作为中国经济发展的支柱产业。1994年,中国颁布了《90年代国家产业政策纲要》,进一步确定了这几个行业在国民经济中的支柱地位,同时鼓励支持高新技术产业和新兴产业的发展。这些纲领性文件对20世纪90年代以来中国制定各项产业政策,进行产业结构调整,并且加快工业整体进程,都产生了重大影响。2007年,中国工业增长率是14.7%,其中制造业增长率是16.6%,2008年,中国工业增长率是9.3%,其中制造业增长率是10.5%。在工业结构中,制造业占绝对优势地位,制造业的产值占工业产值的70%以上,占国民经济总产值的1/3。制造业20年来发展非常迅速,使中国由一个只能制造初级工业产品的国家迅速发展成为世界制造业大国,产品从以内销为主,到目前内外销并重。

与此同时,中国进一步调整了工业生产结构,2000年之前的10年,中国工业生产结构还是一直延续以轻工业为主的格局。2002年下半年开始,中国经济进入重化工业快速增长的周期,住宅、汽车、电子通信、钢铁、有色金属、建材、化工、机械设备等行业得到快速增长,这些行业快速增长也进一步拉动了电力、煤炭以及石油等基础能源行业的增长。中国产业结构优化升级开始显现,从1991年到2008

年，轻、重工业比重分别为48.4%：51.6%和28.9%：71.1%，工业内部结构开始逐步从轻工产品加工为主向以石化、汽车、机电及航空航天为主的重化工业转变，明显呈现产业结构的高度化。

2. 印度第二产业发展情况

20世纪90年代以来，在印度政府的大力支持下，印度工业得到快速发展，并且形成了几个重要的世界一流工业产业聚集区域（包括印度最大的工业区孟买—浦那综合工业区、以机械制造业为主的加尔各答工业区、以传统工业为主的阿默达巴德工业区、以新兴工业为主的马德拉斯－班加罗尔工业区和以煤炭钢铁为主的那格浦尔工业区）。印度工业结构中，制造业是主导产业，但是制造业一直发展相对滞后，印度制造业占工业产值的比重从1988年的61.8%下降到2008年的54.9%。制造业中劳动密集型的纺织服装业占工业总产值的比重2004年高达24%，吸纳的劳动人口超过20%，远高于中国。而资本密集型的化工行业和机械运输设备行业则从1990年的14%和25%不断下降到2004年的9%和16%。这些都说明印度的工业结构中，重化工和机械制造行业发展迟缓，传统产业在贡献指数和吸纳就业方面依然发挥着重要作用。

针对制造业发展相对落后的状况，2004年印度政府开始调整产业结构，提高制造业在国民经济中所占的比重，印度国家制造业竞争力委员会于2005年9月26日首次发布了《印度制造业国家战略》白皮书，在这本白皮书中印度国家制造业竞争力委员会认为仅仅是为了保持目前低于7%的失业率水平，印度每年就需要在农业以外创造700万至800万个就业岗位。但是未来20年内，预计将有数百万印度农业人口离开农业领域，转向工业和服务业领域。劳动密集型制造业的发展每年能够增加近250万就业岗位，因此制造业是唯一能够安排这么多农业转移人口就业的产业。这份纲领性文件的公布表明了印度全面改革现有制造业格局的决心，因此，制造业开始步入快速发展的快车道，在制造业的带领下，印度工业也开始实现较快增长。

（三）中国和印度第三产业发展情况

1. 中国第三产业发展情况

相比起印度而言，中国服务业发展一直相对滞后。1992 年以来，随着政府《关于加快发展第三产业的决定》的实施，服务业开始以年均 10% 的增长率快速发展，增长速度明显高于同期 GDP 和工业的增长速度，服务业增加值占国内生产总值的比重以及服务业就业比重也在不断上升，成为吸纳全社会新增劳动力就业的主要渠道，因此服务业在国民经济中的地位日益加强。早在 2008 年，服务业对中国经济增长的贡献率就超过了 40%。目前，中国的服务业涉及餐饮、零售、金融、信息、运输、法律及物业管理等多个方面，物流、信息和商务等生产性服务发展迅速，旅游、体育、文化娱乐、教育培训和会展等新兴服务业也形成了一定的产业规模。新兴服务业虽然发展较快，但在服务业总产值中所占的比重仍然不高。

在服务业构成中，批发零售、交通运输、金融服务和房地产行业占主导地位。其中传统批发零售业所占比重 1990 年以来虽然不断下降，2009 年依然高达 20% 左右，金融业近年发展成 V 字形态，1990 - 2004年不断下降，最低到 8.4%，之后又连续回升到 2009 年的 15%。信息、科技、教育和文化等知识含量高的服务部门所占比重依然较低。由此可见，自 2001 年我国加入 WTO 以后，虽然工业化进程不断加快、服务业开放力度不断加大，但我国服务业升级比较缓慢，依然以技术和知识含量比较小的劳动密集型服务部门为主，技术和知识含量比较高的生产性服务部门发展滞后。从服务业发展的布局来看，区域差异十分显著，农村服务业发展相当落后，东部、中部和西部地区发展也很不平衡,无论是服务业占 GDP 的比重,还是服务业的就业比重,都存在明显差别。这些都不利于中国服务业的长远发展。

2. 印度第三产业发展情况

印度服务业增长速度比较快,2001 年印度的第三产业占国内生产总值超过了 50%,比 10 年前提高了 10 个百分点,服务业成为了印度经济发展的新的动力。90 年代以来,由于印度信息通信技术的迅猛发展导致了市场对金融、保险和商务等现代服务业的需求大增,促进了以计算机软件开发、金融服务和服务外包为主的第三产业的快速发展。近几年来(2004 - 2009 年),印度服务业年均增长 10.3%。服务业占印度 GDP 的比重由 2004 年的 60% 左右逐步增加到 2009 年的 65% 左右。最引人注目的是印度商务服务业(其中包括 IT 业)的快速发展,八十年代印度商务服务业的平均增长速度为 13.15 %,九十年代印度商务服务业的平均增长速度更是达到了 19.18 %,远远高于同期印度 GDP 的增长速度。中国没有专门的商务服务业分类统计数据,中国的商务服务业体现在社会服务业、科学研究和综合技术服务业等行业中,但是其发展速度比印度要低得多。

在服务业构成中,传统的批发零售行业依然占主要地位,2005 年传统的批发零售业在服务业总产值中所占比重为 27.5%,比 1990 年有所下降。运输业、银行业、房地产以及公共与社会服务在服务业总产值中所占比重比较接近,基本保持在 10% 到 13% 之间。旅店餐饮业虽然发展态势较好,年均增幅也达到了 10% 以上,但在服务业总产值中所占比重较小,2005 年只有 2.8%。2005 年印度商务服务业占服务业总产值的比重是 16.0%。

二、中国和印度三次产业对GDP的贡献率和拉动率

20世纪90年以来,中国和印度经济在快速增长的同时,产业结构出现了明显的变化,三次产业对GDP的贡献率不相同,并且三次产业对GDP的拉动率也不相同。三次产业对拉动率GDP贡献率和拉动率的计算公式分别为:

三次产业贡献率=各产业增加值增量/GDP增量×100%

三次产业拉动率=GDP增长速度×各产业贡献率

贡献率和拉动率数值为正数。拉动率数值越大,表明该产业对经济增长的贡献也越大,也表明该产业发展形势比较乐观,对经济增长起了较大的促进作用。拉动率数值越小,表明该产业对经济增长的贡献也越小,也说明该产业发展形势比较严峻,对经济增长起了较小的促进作用,因此该产业的发展政策需要得到及时调整。

(一)中国和印度三次产业对GDP的贡献率

表8.1　中国和印度三次产业增加值占GDP的比重(%)

年份	中国			印度		
	第一产业	第二产业	第三产业	第一产业	第二产业	第三产业
1990	27.1	47.6	31.3	31.0	29.3	39.7
1991	24.5	42.5	33.4	31.3	27.9	40.9
1992	21.8	43.9	34.3	30.6	28.3	41.4
1993	19.9	47.4	32.7	30.5	27.8	41.6
1994	20.2	47.8	31.9	29.9	28.8	41.3
1995	20.5	48.8	30.7	27.5	30.3	42.1
1996	20.4	49.5	30.1	27.0	30.3	43.0
1997	19.1	50.0	30.9	28.0	27.1	44.9
1998	18.6	49.3	32.1	29.1	25.7	45.2

续表

年份	中国			印度		
	第一产业	第二产业	第三产业	第一产业	第二产业	第三产业
1999	17.6	49.4	33.0	27.7	26.3	46.0
2000	14.8	45.9	39.3	24.6	26.6	48.8
2001	14.4	45.1	40.5	25.0	26.0	50.0
2002	13.7	44.8	41.5	23.0	27.0	51.0
2003	12.8	46.0	41.2	22.2	26.6	51.2
2004	13.4	46.2	40.0	19.6	27.3	53.2
2005	12.5	47.5	40.0	19.0	29.0	52.0
2006	11.7	48.9	39.4	17.5	27.7	54.7
2007	11.7	49.2	39.1	17.8	29.4	52.8
2008	11.3	48.6	40.1	17.6	29.0	53.4
2009	11.1	49.0	39.9	17.4	29.2	53.4

数据来源:根据国家统计局网站历年国际统计数据整理。

20世纪90年代以来,中国产业结构处于一个大的转型时期,在此期间,中国深入开展产业结构调整,产业结构不断得到优化。在整个产业结构中,第一产业占GDP的比重呈明显的逐年下降趋势,第二产业占GDP的比重呈略微的逐年上升趋势,第三产业占GDP的比重呈明显的逐年上升趋势。总体上说,在整个产业结构中,第二产业所占比重最大,第一产业所占比重最小,三次产业呈现出二、三、一的顺序。90年代以来,印度产业也进行了较大的调整,印度第一产业产值占GDP的比重呈明显的逐年下降趋势,尤其是1998年以后下降更为明显,第二产业占GDP的比重比较稳定,变化不大,第三产业占GDP的比重呈明显的逐年上升趋势。总体上说,在整个产业结构中,第三产业所占比重最大,第一产业所占比重最小,三次产业呈现出

三、二、一的顺序。

我们进一步用产业差异度比较中国和印度三次产业各自增长速度,产业差异度用公式表示是:差异度 = 各产业增长率 - GDP 增长率。差异度为正说明该产业增速超过了国民经济总量的增速,产业呈现较快的发展态势。差异度为负,说明该产业增速慢于整体经济增速,该产业发展缓慢。三个产业差异度越接近,说明三次产业发展的同步性越好,而三个产业差异度的差别越大,说明产业增速出现差别,某个产业在经济发展中的作用可能会更加突出。

表 8.2　中国和印度三次产业增长率与 GDP 增长率的差异度

国别	第一产业		第二产业		第三产业	
	1988 - 1998	1998 - 2008	1988 - 1998	1998 - 2008	1988 - 1998	1998 - 2008
中国	-6.1	-6.0	3.6	1.2	0.1	0.6
印度	-2.4	-4.5	0.6	0.4	1.5	1.7

数据来源:根据世界银行历年中国和印度产业增长率和 GDP 增长率数据计算而得。

从上表可以看出,印度第一产业的产业差异度为负,并且持续下降,这说明了印度农业发展速度比较缓慢。第二产业和第三产业的产业差异度为正,第三产业的产业差异度数值比较大,说明第三产业的发展速度明显快于第一产业和第二产业。中国各产业指标的正负与印度一样,但是从数据上看,中国第一产业的发展速度更慢,第二产业的发展速度更快,第三产业的发展速度较第二产业慢一些。

(二)中国和印度三次产业对GDP的拉动率

表8.3　中国和印度三次产业对GDP的拉动率(%)

年份	中国			印度		
	第一产业	第二产业	第三产业	第一产业	第二产业	第三产业
1990	1.03	1.81	1.19	1.71	1.61	2.18
1991	2.25	3.91	3.07	0.34	0.31	0.45
1992	3.1	6.23	4.87	1.68	1.56	2.28
1993	2.79	6.64	4.58	1.46	1.33	2
1994	2.65	6.26	4.18	2	1.93	2.77
1995	2.23	5.32	3.35	2.09	2.3	3.2
1996	2.04	4.95	3.01	2.05	2.3	3.27
1997	1.78	4.65	2.87	1.15	1.11	1.84
1998	1.45	3.85	2.5	1.8	1.59	2.8
1999	1.34	3.75	2.51	2.05	1.95	3.4
2000	1.24	3.86	3.3	0.98	1.06	1.95
2001	1.2	3.74	3.36	1.3	1.35	2.6
2002	1.25	4.08	3.78	0.87	1.03	1.94
2003	1.28	4.6	4.12	1.86	2.23	4.3
2004	1.35	4.67	4.04	1.63	2.27	4.42
2005	1.41	5.37	4.52	1.77	2.7	4.84
2006	1.49	6.21	5	1.63	2.58	5.09
2007	1.66	6.99	5.55	1.74	2.88	5.17
2008	1.08	4.67	3.85	0.86	1.42	2.62
2009	1.02	4.51	3.67	1.58	2.66	4.86

数据来源:根据世界银行历年中国和印度产业增长率和GDP增长率数据计算而得。

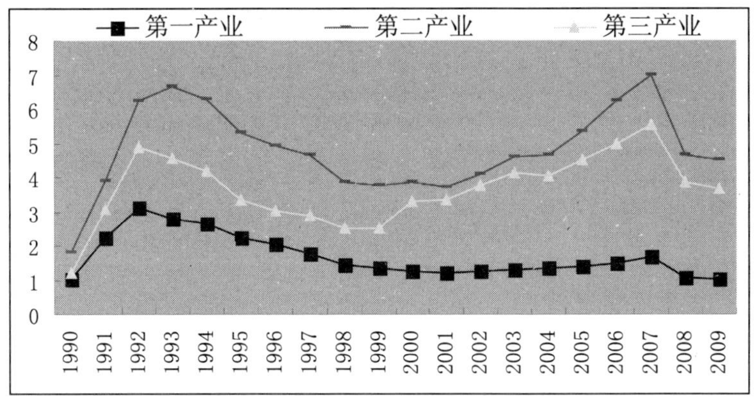

图 8.1　中国 1990 - 2009 年三次产业对 GDP 的拉动率

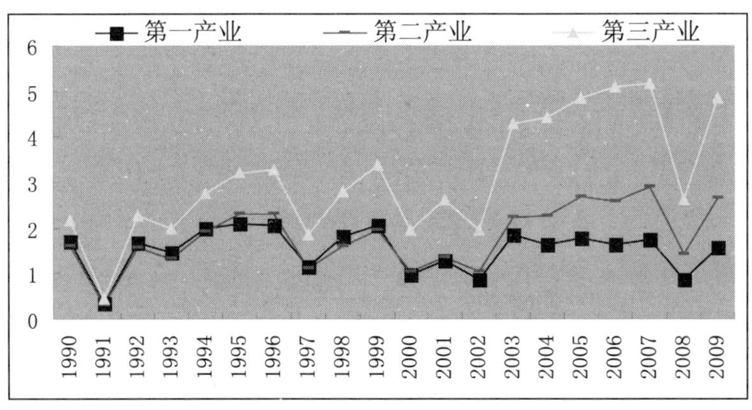

图 8.2　印度 1990 - 2009 年三次产业对 GDP 的拉动率

从第一产业来看,1990 - 2009 年间,中国第一产业对 GDP 增长的拉动率在三次产业中都是最低的。2000 年以前,印度第一产业对 GDP 增长的拉动率有些年份高于第二产业,有些年份低于第二产业,2000 年以后,第一产业对 GDP 增长的拉动率都是三次产业中最低的。从第二产业来看,1990 - 2009 年间,中国第二产业对 GDP 增长的拉动率在三次产业中都是最高的。2000 年以前,印度第二产业对 GDP 增长的拉动率有些年份高于第一产业,有些年份低于第一产业,2000 年以后,第二产业对 GDP 增长的拉动率都要高于第一产业。从第三产业来看,1990 - 2009 年间,中国第三产业对 GDP 增长的拉动率在三次产业中都是居中的。1990 - 2009 年间,印度第三产业对

GDP 增长的拉动率在三次产业中都是最高的。从三次产业对中国和印度 GDP 增长的拉动率得出的结果来看,三次产业对中国和印度 GDP 增长的拉动率与三次产业增加值占中国和印度 GDP 的比重的比较结果大体上是一致的,说明随着产业结构的不断调整,中国和印度三次产业在国民经济增长中发挥的作用是不一样的。

三、中国和印度三次产业就业结构

产业结构的形成在一定程度上是政府制度安排和市场机制共同作用的结果,产业结构在一定程度上影响和决定着就业结构,因此产业结构变动也会导致就业结构变动。就业结构本身也会影响着产业结构,从而会影响着整个国民经济发展。一般来说,产业就业结构与产业产值结构应该基本上是一致的,尽管有些年份会出现脱节现象,但是从长期来看,最终会趋于一致。中国和印度在实现经济高速增长的同时,对产业结构也相应进行了调整,与此同时,随着产业的发展,产业就业结构也发生了明显的变化。

(一)中国三次产业就业结构

中国是世界上第一人口大国,劳动力资源比较丰富,2009 年中国经济活动人口数已经达到 79812 万人,就业人员数是 77995 万人,中国三次产业就业结构有着明显的特点。

表 8.4　　**中国三次产业就业结构**

年代	就业人口数(万人)			就业人口(%)		
	第一产业	第二产业	第三产业	第一产业	第二产业	第三产业
1990	38914	13856	11979	60.1	21.4	18.5
1995	35530	15655	16880	52.2	23.0	24.8
2000	36043	16219	19823	50.0	22.5	27.5

续表

年代	就业人口数(万人)			就业人口(%)		
	第一产业	第二产业	第三产业	第一产业	第二产业	第三产业
2001	36513	16284	20228	50.0	22.3	27.7
2002	36870	15780	21090	50.0	21.4	28.6
2003	36546	16077	21809	49.1	21.6	29.3
2004	35269	16920	23011	46.9	22.5	30.6
2005	33970	18084	23771	44.8	23.8	31.4
2006	32561	19225	24614	42.6	25.2	32.2
2007	31444	20629	24917	40.8	26.8	32.4
2008	30654	21109	25717	39.6	27.2	33.2
2009	29708	21684	26603	38.1	27.8	34.1

数据来源:国家统计年鉴2010年。

从表8.4我们可以得知,中国第一产业就业人口占整个就业人口比例呈现出逐年下降趋势,第二产业和第三产业就业人口占整个就业人口比例呈现出逐年上升的趋势,但是第二产业上升趋势较慢,第三产业上升趋势较快。1990年,中国第一产业就业人口占整个就业人口比例是60.1%,也意味着多半就业人口集中在第一产业,但是到了2009年,中国第一产业就业人口占整个就业人口比例是38.1%,就业人口总数的1/3集中在第一产业。相比起1990年而言,2009年中国第一产业就业人口比重大大下降了。1990年,中国第二产业就业人口占整个就业人口比例是20.4%,2009年,中国第二产业就业人口占整个就业人口比例是27.8%。相比起1990年而言,2009年中国第二产业就业人口比重有所提高。1990年,中国第三产业就业人口占整个就业人口比例是18.5%,但是到了2009年,中国第三产业就业人口占整个就业人口比例是34.1%,就业人口总数的超过1/3集中在第三产业。相比起1990年而言,2009年中国第三产业就业人口比重大大提高了。

中国第一产业就业人口占整个就业人口比例下降速度快,主要是由于近年来中国加快了农业现代化的进程,随着机械化生产工具在农业领域的逐步普及,农业出现大量富余劳动力,这些富余劳动力被迅速发展的第二、第三产业所吸收,促进了农村劳动力的合理流动,从而提高了农业的整体经济效益。中国第二产业就业人口占整个就业人口比例呈现出逐年上升的趋势,但是上升速度比较慢,主要是由于目前第二产业中劳动密集型产业发展较慢,没有充分发挥出吸纳劳动力就业的作用,而发展较快的资金密集型产业吸纳就业人数有限,从而导致第二产业吸纳就业能力偏低。中国第三产业就业人口占整个就业人口比例呈现出逐年上升的趋势,并且上升速度较快,这主要是由于中国第三产业中传统服务业所占比重较大,发展较快,并且传统服务业大多是以劳动密集型为主,从而可以吸收较多的社会剩余劳动力。

(二)印度三次产业就业结构

印度是世界上第二人口大国,劳动力资源也比较丰富,印度农村人口有7亿,劳动力人口近4.5亿。由于印度人口过快增长,导致就业问题比较严峻,印度三次产业就业结构也有着明显的特点。

表8.5　　　　　　　印度的就业结构(%)

年份	1987－1988	1993－1994	1999－2000	2000－2001
农业	60.1	60.4	56.7	56.0
工业	17.6	15.8	17.6	18.0
服务业	22.3	23.8	25.7	25.9
合计	100	100	100	100

资料来源:徐永利:《"金砖四国"产业结构比较研究》,河北大学2010年,第152页。

从表 8.5 我们可以得知,印度第一产业吸纳就业人数占整体就业人数的比例最高,超过第二产业和第三产业的总和。虽然 20 世纪 90 年以来,第一产业吸纳就业人数占整体就业人数的比例在持续下降,但是第一产业吸纳就业人数占整体就业人数的比例仍然超过 50%。第二产业吸纳就业人数占整体就业人数的比例呈现出逐年上升的趋势,但是第二产业吸纳就业人数占整体就业人数的比例还不足 20%,不仅低于第一产业,还远远低于第三产业。第三产业吸纳就业人数占整体就业人数的比例也呈现出逐年上升的趋势,但是第三产业吸纳就业人数占整体就业人数的比例只是保持在 1/4 左右,这个比例高于第二产业,但是低于第一产业。

印度第一产业吸纳就业人数占整体就业人数的比例最高,这主要是因为印度人口增长速度是中国的三倍左右,但是工业发展对劳动力的需求增长远远赶不上印度人口增长速度,这使得印度农业部门的剩余劳动力无法及时向其他部门转移,因而这些剩余劳动力大量滞留在农业内部。印度第二产业吸纳就业人数占整体就业人数的比例较低,这主要是因为印度制造业不发达,并且发展速度也比较慢,从而难以吸纳大量劳动力。与此同时,中国制造业发展速度比较快,并且吸纳了大量的劳动力。印度第三产业吸纳就业人数占整体就业人数的比例高于第二产业,但是又远远低于第一产业,这与印度第三产业产值占 GDP 的比重较高不相符。这主要是因为印度第三产业发展更多的是由以金融业以及软件服务业等行业带动的,而这些行业大多是以资本和技术密集型为主,对劳动力数量的需求并不大,而对劳动力素质和技能的要求比较高。

我们进一步用产业结构偏离度比较中国和印度三次产业各自增长速度,产业结构偏离度是指产业的就业比重与产值比重之差,即某产业结构偏离度 = 某产业的就业比重 - 某产业的产值比重。当产业结构偏离度为零或接近于零时,说明该产业的产业结构与就业结构比较一致,劳动力资源得到最合理配置。从理论上来说,此时的产业结构与就业结构是最合理的。当产业结构偏离度大于零(正偏离)时,即该产业的就业比重大于产值比重,这说明该产业吸纳了较多的劳动力,也意味着该产业的劳动生产率比较低,该产业的劳动力存在向外转出的可能性。当产业结构偏离度小于零(负偏离)时,即该产业的就业比重小于产值比重,这说明该产业吸纳就业能力不足,也意味着该产业的劳动生产率比较高,该产业存在劳动力转入的可能性。

表8.6　中国三次产业产业结构偏离度

产业类型	1990	1995	2000	2005	2009
第一产业	33	31.7	35.2	32.3	28.1
第二产业	-20.2	-25.8	-23.4	-23.7	-21.0
第三产业	-12.8	-5.9	-11.8	-8.6	-6.6

数据来源:根据世界银行1990-2009年历年产值比重和就业比重数据计算而得。

表8.7　印度三次产业产业结构偏离度

产业类型	1987-1988	1993-1994	1999-2000	2000-2001
第一产业	31	30.5	32.1	31
第二产业	-8.1	-13	-9	-7.9
第三产业	-22.9	-17.5	-23.1	-24.1

数据来源:徐永利:《"金砖四国"产业结构比较研究》,河北大学,2010年,第159页。

中国和印度第一产业产业结构偏离度均为正值,并且两国的产业结构偏离度比较大,说明中国和印度第一产业在吸纳就业方面发挥着重要作用,并且第一产业劳动力转出的压力较大。中国和印度第二产业产业结构偏离度为负值,说明中国和印度第二产业吸纳就业能力不足,其中中国的产业结构偏离度最大,说明中国第二产业吸纳就业能力还有待提高。中国和印度第三产业产业结构偏离度是负值,说明中国和印度第三产业吸纳就业能力不足,其中印度的产业结构偏离度最大,说明印度第三产业仍有进一步吸纳就业的潜力。总之,中国和印度产业结构与就业结构脱节现象比较明显,中国和印度第一产业呈现出明显的“低产出、高就业”的特征。第二产业呈现出明显的“高产出、高就业”的特征,尤其是中国,这种特征更为明显。第三产业也呈现出明显的“高产出、低就业”的特征,尤其是印度,这种特征更为明显。

中国和印度农业的机械化程度和规模化程度都不高,农业劳动生产率较低,农村存在着大量的剩余劳动力,因此才会造成第一产业“低产出、高就业”的现象。印度第三产业发展更多的是由以金融以及软件服务业等行业带动的,而这些行业属于资本和技术密集型,并且不属于劳动密集型,对劳动者素质和技能的要求比较高,而对劳动者数量的需求并不大,因此才会造成第二产业“高产出、低就业”的现象。中国经济增长过多依赖于投资,并且中国经济过早进入重工业发展阶段,重工业吸纳劳动力就业能力较弱。另外由于中国市场经济体制还未完善,各种生产要素以及各种资源的配置效率还不高,这些都导致了中国第二产业目前吸纳就业能力不足,因此才会造成第二产业“高产出、低就业”的现象。

四、本章小结

随着中国和印度经济的快速增长,中国和印度产业产值结构和产业就业结构也进行了较大调整。在整个中国产业结构中,第二产业所占比重最大,第一产业所占比重最小,三次产业呈现出二、三、一的顺序。在整个印度产业结构中,第三产业所占比重最大,第一产业所占比重最小,三次产业呈现出三、二、一的顺序。并且三次产业对中国和印度 GDP 增长的拉动率与三次产业增加值占中国和印度 GDP 的比重的比较结果大体上是一致的,说明随着产业结构的不断调整,中国和印度三次产业在国民经济增长中发挥的作用是不一样的。中国和印度产业结构与就业结构脱节现象比较明显,中国和印度第一产业呈现出明显的"低产出、高就业"的特征。第二产业呈现出明显的"高产出、高就业"的特征,尤其是中国这种特征更为明显。第三产业也呈现出明显的"高产出、低就业"的特征,尤其是印度这种特征更为明显。

第九章　中国和印度政府竞争力比较

政府竞争力在促进一国经济增长以及经济发展方式转变中起着重要的作用，中、印两国要想提高经济增长速度，并且实现经济发展方式的转变，提高政府竞争力是很关键的。虽然从目前来看，还很难说中、印两国政府竞争力究竟谁强谁弱，但是我们可以从制度环境、公共产品供给、政府对经济的干预程度与政府执行力以及政府对中小企业的支持政策等方面进一步对中印政府竞争力进行比较。

一、中印制度环境比较

新制度经济学家诺斯的观点认为，制度是指被制定出来的一系列行为规则、守法程序以及道德规范等，它旨在约束追求效用最大化的个人行为或者追求主体福利最大化的组织行为。制度通过提供一系列规则来约束人们的相互关系，进而保护产权，从而减少生产生活中的不确定性以及生产生活中的交易费用。良好的制度环境可以极大地促进一国经济发展，并且可以极大加强一国竞争能力。中印两国的制度环境是不同的，两国的制度不同体现在法律体系、私人产权保护以及经济管理规章制度等方面。

(一)法律体系

在法律体系方面,相比起中国而言,印度的法律体系更加完善。因为英国200多年的殖民统治已经给印度留下了非常健全的英美法律体系,所以独立以后的印度,经过几十年的发展,法律体系更加完善,公民法制意识更加自觉。另外,印度司法机构比较独立,很少出现行政机构公开干预司法活动的行为,政府在更多的时候是充当服务者的角色,而不是干预者的角色。在比较完善的法律体系下,印度市场经济也得到合理、有序以及稳定发展,并且也形成了支持和保护市场经济运行的制度基础。由于市场经济运行的效率和信誉的提高,印度国内外投资机构也开始扩大对印度的投资规模。而中国的法制建设是在改革开放以后才开始进行的,法制建设仍然滞后于实际的需要,由于法律体系非常不完善,行政机构公开干预司法活动的行为时有出现,司法机构仍然欠缺独立,人民群众的法制意识比较淡薄,这就在会在很大程度上影响中国社会主义市场经济的合理、有序以及稳定发展。

(二)私人产权保护

在私人产权保护方面,相比起中国而言,印度的私人产权保护更为完善。自20世纪90年代以来,印度开始大规模修订和完善本国的知识产权法。1994年印度制定并且实施了"版权法",这部法律被称为"世界上最严厉的版权法之一",2005年印度制定了"新专利法",该法在私人产权保护方面基本上是和国际惯例相通的。改革开放以来,中国政府也一直高度重视知识产权保护工作,并且也相继建立了门类比较齐全,并且符合国际通行规则的法律法规体系。20世纪80年代以来,中国制定并且实施了"中华人民共和国商标法"、"中华人民共和国专利法"等法律法规,这些法律法规涵盖了知识产权保护的主要内容,表明中国在私人产权保护方面有了长足的进步。

但是全民的知识产权保护意识仍然比较淡薄,侵犯知识产权的行为时有发生。根据 WBES(世界商业环境统计)的调查报告,中国企业的报税诚实性远不如印度,相信其所在行业内的企业主在缴税时是报告了企业实际经营收入数字的中国企业主只占总数的 11.9%,而印度相应数字是 41%。事实上中国企业逃避国家税收的一个重要原因就是企业家缺少产权保护,由于缺少产权保护,一些企业家在生产经营过程中受到巨大损失。因此,他们会通过少报实际收入从而达到减轻甚至弥补损失的目的,这也就降低了企业家如实报税的积极性。

(三)经济管理规章制度

在经济管理规章制度方面,相比起印度而言,中国的经济管理规章制度更为完备并且更为有效。在 WBES 报告中,将劳动力管理规章制度视为障碍的中国企业主只占总数的 16%,而印度相应数据是 63.7%;将环境规章制度视为企业发展的主要阻力的中国企业主只占总数的 19.8%,而印度相应数据是 40.6%;将劳力解雇规章视为企业发展的主要阻力的中国企业主只占总数的 14.4%,而印度相应数据是 20%。这充分表明了,印度企业的经济管理规章制度比中国企业更加烦琐并且更加没有效率,已经对企业生产经营活动形成阻力,迫切需要进行改革。

二、中印政府公共产品供给比较

我们主要通过公共教育支出占 GDP 比重、公共卫生支出占 GDP 比重(由于缺少公共卫生支出占 GDP 比重方面中印对比数据,所以我们用医疗支出占 GDP 比重数据进行代替)、政府公共支出占 GDP 比重以及基础设施水平四项指标对中印政府公共产品供给水平进行衡量。

(一)公共教育支出占 GDP 比重

政府财政支出包括诸多项目,公共教育支出是其中重要组成部分之一。公共教育支出占 GDP 的比例,能够很好地衡量一国政府公共教育支出水平。联合国教科文组织于 2008 年发表了《全球全民教育监测报告》,这份报告显示,按地区划分的世界各国公共教育支出占国民生产总值(GNP)的比重,最高的是北美和西欧,平均值已经达到 5.7%,其次是拉美、加勒比海及撒哈拉以南非洲国家,平均值是 5.0%,中东欧国家平均值是 4.9%,东亚和太平洋国家平均值是 4.7%,阿拉伯国家平均值是 4.5%,南亚和西亚国家平均值是 3.6%,中亚国家平均值是 3.2%。如果按收入水平进行划分,高收入国家公共教育支出占 GNP 的比例平均值是 5.5%,中上收入国家平均值是 5.6%,中下收入国家平均值是 4.7%,低收入国家平均值是 3.9%。我国教育经费支出占 GDP 的比重历年以来从未超过 4%,2005 年为 2.82%,2007 年为 3.32%,2008 年为 3.48%,2009 年为 3.59%,这不仅远远低于发达国家,也低于经济发展水平相近的印度。2006 年,印度教育经费占 GDP 的比重就已经达到 3.81%,印度在"十一五"期间大幅增加教育投入,"十一五"期间印度政府教育方面投入总量是"十五"期间的四倍多,总量已经达到 2.7 万亿卢比左右,将公共教育经费占国内生产总值(GDP)的比重提高到了 6% 左右,这也充分表明印度政府已经把教育放在优先发展的地位。

表 9.1 中国和印度公共教育支出占 GDP 比重(单位:%)

国家	2000	2001	2002	2003	2004	2005	2006	2007	2008	2009
中国	2.9	3.2	3.3	3.3	2.8	2.8	3.0	3.2	3.2	3.6
印度	4.3	3.8	3.8	3.5	3.4	3.5	3.6	3.7	3.8	–

数据来源:国家统计局 – 金砖国家联合统计手册(2011),网址为 http://www.stats.gov.cn。

(二)医疗支出占 GDP 比重

医疗支出支出占 GDP 的比重是衡量一个国家政府在卫生发展方面综合绩效的指标。2006 年,我国医疗支出占 GDP 的比重是 4.6%,与前些年相比较,我国医疗支出占 GDP 的比重有所降低,但是仍然要高于印度(印度同期数据是 3.6%)。但是 2006 年,世界各国医疗支出占 GDP 的比重平均值已经达到 9.8%,高收入国家医疗支出占 GDP 的比重平均值为 11.2%,中等收入国家和低收入国家医疗支出占 GDP 的比重平均值为 5.3%。因此,中国医疗支出占 GDP 的比重远远落后于世界平均水平,也低于中等收入国家和低收入国家水平。

表 9.2　　中国和印度医疗支出占 GDP 比重　　(单位:%)

国家	2000	2001	2002	2003	2004	2005	2006
中国	5.1	5.3	5.5	5.6	4.7	4.7	4.6
印度	5.0	4.9	4.9	4.8	4	3.8	3.6

数据来源:国家统计局-统计数据-国际数据,网址为 http://www.stats.gov.cn。

(三)政府公共支出占 GDP 比重

从政府公共支出占 GDP 比重这一指标来看,根据《中国统计年鉴》中的相关数据,在“六五”、“七五”、“八五”和“九五”时期,中国政府财政支出占 GDP 的比重分别为 23.2%、17.7%、13.0% 和 14.5%。2000 年中国政府公共支出占 GDP 比重是 16.0%,印度相应数据是 7.9%,中国还高于印度。2005 年中国政府公共支出占 GDP 比重是 18.3%,印度相应数据是 27.8%,中国已经落后于印度。2009 年中国政府公共支出占 GDP 比重是 22.4%,印度相应数据是 32.0%,中国大大落后于印度。从这些数据中可以看出我国政府公共支出水平远低于印度水平。

表 9.3　　中国和印度财政支出占 GDP 比重　　（单位:%）

国家	2000	2001	2002	2003	2004	2005	2006	2007	2008	2009
中国	16.0	17.2	18.3	18.1	17.8	18.3	18.6	18.7	19.9	22.4
印度	7.9	–	–	–	26.9	27.8	28	28.5	31.6	32.0

数据来源:中国财政支出占 GDP 比重数据来源于国家统计局－统计数据－年度统计数据,印度财政支出占 GDP 比重数据来源于国家统计局－统计数据－专题数据－金砖国家联合统计手册(2011),数据经过计算整理后得出。网址为 http://www.stats.gov.cn。

（四）基础设施

基础设施对一个国家和地区社会经济发展具有极其重要的作用,并且对企业的生产经营和人民群众的生活也极为重要。中国和印度的基础设施从总体上看处于世界中等水平,但是相比较而言,中国的基础设施还是要强于印度的。改革开放以来,中国政府在发展基础设施方面取得了巨大成就,基础设施在促进企业生产发展及人民群众生活水平提高方面发挥了巨大的作用。但是印度基础设施建设却相对落后,并且落后的基础设施给印度经济发展造成了很大的困难。许多国外投资者因为印度基础设施不足选择而退却,企业在生产经营中也深受某些基础设施不足问题的影响。例如:在电力工业上,中国目前发电装机容量居世界第二位,而印度目前发电装机容量还不到中国的 1/3,无论是城市还是农村,在某些时间段都不得不实行限制用电和临时停电;在交通运输上,印度铁路系统还没有进行全面改造,现代化程度很低,而中国铁路系统经过全面改造,现代化程度相对较高,并且中国高铁建设也取得了巨大成就;在电子通信上,印度个人电脑拥有量、手机拥有量以及宽带互联网上网人数等方面都与中国相比有着不小的差距。

三、中印政府对经济的干预方式及政府执行力比较

(一)中印政府对经济的干预方式

印度政府对经济的干预程度较低,在印度经济增长中,政府直接推动因素比较少,在印度经济增长中,政府的作用更多地表现为管制而不是推动,这是印度经济增长的最大特点。同时,受到各党派政治力量互相牵制的影响,印度政府无法在短时间内将各方面的意见达到统一,从而难以在短时间内集中所有资源来推动经济发展。即使是在地方政府,地方政府领导更多的是将大量时间和精力放在各种政治争论上。因为地方政府领导的当选是依靠选民的支持而不是中央政府所谓的“经济增长作为政绩显示机制”。印度政府甘当服务者的做法,有利于形成“以制度促发展”的良性循环。政府减少对经济的无谓干预,便于行业形成稳定的预期,其创新积极性才能够被全部的激发出来,事实上,印度的微观优势正在于此。

相比印度政府,中国政府对经济的干预程度较高。在中国经济高速增长中,中国政府直接推动因素比较多,中国政府可以在短期内集中几乎所有资源来推动经济发展,政府大力进行培育和指导整个经济活动。中国的地方政府领导的当选受地方经济发展政绩的影响较大,因此他们将主要精力放在经济建设这个中心上,都竭尽全力促进地方经济高速增长。一些政府领导往往自以为神明,无论是法律的修缮还是政策的制定,都要插手一番。事实上,政府精英们也有自己的利益动机,加上信息的不对称,制定政策必然会有失误。比如我国一些政府部门的制定和修改法律法规行为,有时就是出于本部门利益的需要,这对企业的长期发展会造成负面影响。企业的战略制定主要基于对政策和市场的判断,如果朝令夕改,企业的创新就无从谈起。与此相反,印度政府自 20 世纪 80 年代以来对经济活动极少

进行干预。

总之，中国政府在某种程度上排斥了市场的力量，也没有主动地进行制度创新，因而在调控经济时陷入了“干预依赖”的怪圈。因此，中国经济要取得长期的优势，就必须构建可以代替政府职能的市场组织和制度框架，使之从烦琐的事务中解脱出来，充当一个踏踏实实的服务员。唯有如此，才能发挥市场的力量，才能彰显制度的光辉。

（二）中印政府执行力比较

在政府执行力方面，相比起印度，中国政府执行力要稍好一些。印度民主政治制度拥有天然的优势，在这样的民主政治制度下，政府能够稳妥应对复杂社会环境下社会各阶层利益冲突和矛盾，政府执行效率也较高。但是在不很复杂的社会环境下，靠民主程序决策往往时间过长，从而错失发展良机，政府执行效率也较低。中国政府在管理事务方面的一个最重要的特点就是能够集中优势资源果断决策，从而执行效率比较高。良好的政府执行力可以为经济发展提供优越的投资环境，可以使本国私人企业充满活力，可以使外资企业更愿意落户生根。根据世界银行的一份投资环境评估调查报告，在中国创办企业，办理完一系列相关手续只需花费 41 天时间，而在印度至少需花费 89 天才可以。在中国办理破产程序只需要花费两年零 4 个月，而在印度至少需要花费整整 10 年的时间。在中国办理财产登记注册只需要花费 32 天，而在印度至少需要花费 67 天。另外，中国各级政府之所以具有良好的执行力主要原因在于两个方面：一方面是财政分权，中央给予地方更大的自主权。经过 1994 年财税改革，中国所得税大部分归地方政府拥有，地方政府就有强大的动力打造各自所管辖区域的投资环境，大幅度进行招商引资，推动经济快速发展。并根据自身的财政实力自主决策，提升各地区的竞争能力。这种经济激励在印度几乎是没有的，因此自然而然政府执行力低下。另一方面中国官员晋升主要是通过经济发展指标作为政绩来考核，为了实现经济增长展开激烈的地区竞争，地区竞争越来越激烈，市场就越有活力。由于竞争较为激烈，政府的寻租行为大幅度减少，执政水平就会得到更大的提高。

四、中印政府对中小企业的支持政策比较

印度政府对中小企业的政策比较开放，政府允许中小经济进入除基础设施之外的几乎所有领域，也正因为如此，印度许多中小企业发展速度较快，并且发展绩效较好。但是中国中小企业的发展却受着种种限制。实际上，直到20世纪90年代末中国中小企业才得到政府一定政策支持。我们从法律支持政策、融资支持政策、技术支持政策以及产业集群支持政策等方面对中印政府支持中小企业的政策效果进行比较。

（一）中印中小企业法律支持政策比较

从相同点来看，中印两国在实行国内改革政策之后，两国支持中小企业的法律体系逐步得到完善。中印两国在21世纪之初都设立了第一部促进本国中小企业发展的法律，中国政府于2003年实施了《中华人民共和国中小企业促进法》，印度政府于2006年实施了《印度微小中型企业发展法》。这两部法律都有利于解决中小企业融资难问题，并且都删减了原有比较烦琐的登记手续，因此大大减轻了中印两国中小企业的负担，从而有利于两国中小企业的发展。

从不同点来看，中国政府颁布的《中小企业促进法》的宗旨是“改善中小企业经营环境，促进中小企业健康发展，扩大城乡就业，发挥中小企业在国民经济和社会发展中的重要作用”，而印度政府颁布的《微小中型企业发展法》的宗旨是“促进中小企业发展，提高其竞

争力”。中国政府是以法律的形式为中小企业在资金筹集、创业扶持、技术创新以及社会服务等方面提供便利,从而为中小企业的发展提供良好的环境。而印度政府除了这些以外,更多的时候是充当服务者的角色,比如:印度政府比较关注本国中小企业面临的实际困难,针对时常出现拖欠中小企业应收账款的现象,印度政府在《印度微小中型企业发展法》中对此问题作出详细的规定,这样通过法律的形式,大大保障了中小企业的资金安全。因此,相比起中国而言,印度政府对中小企业法律支持政策更加到位。

(二)中印中小企业融资支持政策比较

从相同点来看,中印两国政府都颁布很多指导意见、通知和暂行办法以帮助中小企业解决融资难的问题。另外,都通过一些办法优化中小企业融资环境,从而促进中小企业实现有效融资。从不同点来看,中印两国在融资渠道方面、信用担保体系方面和风险投资体系方面存在明显差异。

1. 融资渠道方面

中国的中小企业融资渠道比较单一,这给中小企业的发展造成很大障碍。由于中国资本市场的门槛条件过高,使得许久中小企业难以从资本市场上获取资金,已经上市的中小企业由于自身条件的限制,从资本市场上进行融资的成本也非常高,因此,资本市场对中小企业融资的作用是有限的。相比起中国来说,印度的资本市场比较发达,规范化程度和透明度也比较高,并且监管制度也比较完善。印度全国有 23 个证券交易市场,其中最大证券交易市场是孟买交易市场,共有 5000 多家上市公司,上市公司数量是中国的 5 倍左右,中小企业可以在这些证券交易市场进行自由交易,从而可以有效解决自身资金不足问题。由此可见,中国中小企业在融资方面遇到的困难较大,而印度中小企业主要通过资本市场进行融资,此外,印度的金融体系比较完善,并且印度的金融机构对中小企业不采取歧视政策,因此,印度中小企业融资比中国较为容易。

2. 信用担保体系方面

为了减少由信息不对称而带来的道德风险及逆向选择问题,建立并完善中小企业信用担保体系是必须的。目前中国还缺乏全国统一的信用评估制度,并且相关监督机制也不完善,没有形成完善的全国性担保体系,许多中小企业因没有相关担保而无法取得贷款,从而错失发展良机。另外,相关的法律法规建设也比较滞后,这也不利于中国信用担保机构的稳定发展。而印度早在 2005 年就已经建立了信用评估制度,发展了专业型或行业型的信用担保机构,这种机构是专门针对某一行业的进行信用担保;培养了具备金融、财务、审计、法律以及评估等综合能力的中小企业信贷分析和债权关系处理的人才。这些都大大方便了印度中小企业的融资活动。

3. 风险投资体系方面

风险投资是通过募集社会资金,从而形成风险投资基金,再投入到迅速发展的并且有巨大竞争潜力的企业中的一种股权资本。风险投资现已经成为不少企业解决开办初期的融资困难的有效渠道之一。但是由于中国缺乏多层次的资本市场,使中国的风险投资退出机制不完备,不利于风险资本从企业撤出,而没有灵活的退出机制,风险投资业将难以获得长远的发展。因此,中国中小企业难以通过风险投资筹集资金。印度的风险投资体系比较完善,由于印度具有多层次的资本市场体系,并且证券市场规范程度也比较,风险投资也具有灵活有效的退出机制,因此中小企业进行风险投资得到有效保障。

(三)中印中小企业技术支持政策比较

从相同点来看,在促进中小企业技术创新方面,中印两国都采取了一定的措施,以促进中小企业的实现技术转移以及技术创新。中国建立了国家技术转移中心和技术创新服务中心,实施了中小企业技术创新工程;印度成立微小中型企业发展组织,培养为中小企业服务的专业人才,从而推动中小企业进行新技术的开发。同时,中印两国又分别设立了专门的管理机构,中国成立了国家科技部,印度成立了小型企业技术局,通过这些机构可以有效地处理中小企业技术支持方面的相关事务。

从不同点来看,在解决科技型中小企业融资问题方面,中印两国采取的措施有所差异。中国成立科技型中小企业创新基金,通过拨款等形式帮助科技型中小企业实施创新。但是,由于在发展环境上不如外商企业,中小企业没有形成自己的创新机制。因此,在过去的二十多年的改革开放中,中国经济增长的动力,包括在国际市场上的竞争力,在制造业领域和在生产技术方面的进步,绝大部分并非由中国自己的企业创新出来,而是来自外商企业,中国中小企业并没有具备内在的创新能力。印度政府则鼓励通过风险投资等形式,为科技型中小企业筹措资金,同时给中小企业实施税收等相关优惠政策,扩大科技型中小企业融资来源。此外,印度政府设立了国际技术交流市场,帮助中小企业扩大技术交流面,并且也为创业者提供了创业空间。因此,相比起中国而言,印度政府在中小企业技术支持政策方面更加全面。

(四)中印中小企业产业集群支持政策比较

从相同点来看,中印两国都通过多种途径采取多种措施,促使中小企业技术得到升级,从而促进中小企业规模扩大,并且健康成长;不断鼓励集群内企业的相互学习,并且支持集群内企业与研发团体进行密切合作;积极发挥产业集群在促进国民经济发展中的作用。

从不同点来看,中印两国中小企业产业集群支持政策差异点表现在：1）两国采取政策的侧重点不同。中国对中小企业产业集群支持政策的重点在于结合区域优势、通过合理规划和科学布局，发展循环型、低碳型和生态型的中小企业产业集群。印度根据本国中小企业产品的特点，通过深入研究这些产品的价值链，促进中小企业产品价值在产业集群中得到提升。2）金融支持体系不同。中国政府缺乏相配套的金融体系以支持中小企业产业集群发展，这使得中小企业产业集群发展受到一定障碍。印度政府在支持中小企业产业集群发展的同时，积极改革金融体系，使之与产业集群发展相配套。3）产学研结合程度不同。在产学研结合方面，中国虽然已经建立了中小企业产业集群相关科研机构，从而可以提高中小企业产业集群整体科技创新能力，但是促进集群内科学技术转化为生产力的能力还有待提高。另外，中国目前规范产业集群发展的政策性文件较多，但是具体关于中小企业的优惠政策却较少。印度政府通过各种途径和形式促进中小企业产业集群与大学和研发机构实现战略性联合。另外，印度政府还通过设立工业园区等形式来促进中小企业产业集群实现技术的创新及其转让。

五、本章小结

综上所述，中国和印度政府在制度环境、公共产品供给、中印政府对经济的干预方式与政府执行力比较以及政府对中小企业的支持政策等方面各有所长，各有所短，因此，中国和印度政府竞争力各有所长，各有所短，现在还很难判断究竟是哪个国家的政府竞争力更强一些。中印两国政府在各自政府竞争力特点的基础上，尽量扫除一切阻碍政府竞争力的壁垒，为进一步提高政府竞争力创造良好的环境。这样，中国和印度都有机会使企业和国家经济实现繁荣发展。

第十章　中国和印度经济发展方式的特点及经济持续增长的制约因素分析

本章研究中国和印度经济发展方式的特点及其经济持续增长的制约因素，其中，在中国和印度经济发展方式的特点部分，不仅研究中国和印度经济发展方式特点，在研究的过程中也得出这两个国家经济发展方式各自的优缺点。

一、中国和印度经济发展方式的特点

（一）中国经济发展方式的特点

1. 物质资本投入对经济增长的贡献比较高

基于 SRA 模型分解结果表明，1978－2009 年，中国经济增长中物质资本所占比重比较高。就目前来看，中国物质资本存量相对于经济发展所需而言已经属于比较高的水平。最新统计数据显示，2009 年全社会固定资产投资 22.5 万亿元，比上年增长 30.1%，不仅增速较上年加快 4.6 个百分点，占当年 GDP 的比重也上升至 67%，意味着仅仅投资就占据了 GDP 的 2/3①。在这一水平上通过继续提高物质资本存量进而提高经济增长率，显然不是很理想的。

① 各省 GDP 含金量排名出炉，上海、北京、海南居前三，《中国经济周刊》2010 年 3 月 9 日。

2. 利用科技进步效率和生产经营效率低下

基于 SFA 模型分解结果和基于 DEA 模型的分解结果都表明了，相比起印度而言，中国技术效率水平比较低下，这意味着中国利用科技进步效率比较低下以及生产经营效率比较低下，这些会影响经济增长质量的提高。与此同时，基于 DEA 模型的分解结果也表明了，相比起印度而言，中国技术进步水平也比较低下。前文分析已经提到，这可能是印度科技进步转化为生产力的能力比较高的缘故，因此，DEA 模型难以反映出中印两国真实技术进步水平。

3. 环境污染严重并且资源消耗严重

改革开放以来，中国经济已连续多年保持高速增长，但是经济增长付出的资源环境代价过大。根据第六章分析结果，资源消耗方面，中国资源消耗不仅比美国、日本和德国等发达国家严重得多，即使比起印度、俄罗斯和巴西而言，中国资源消耗也是比较严重的。环境污染方面，中国环境污染不仅比美国、日本和德国等发达国家严重得多，即使比起印度、俄罗斯和巴西而言，中国环境污染也是比较严重的，国际环境研究组织公布的世界 10 大污染最严重城市中中国有一座城市入榜（为山西省临汾市）。环境污染严重并且资源消耗严重，这些都大大降低了中国经济增长的质量。突出地表明中国"高投入、高消耗、高排放、难循环和低效率"为特征的粗放型发展方式还没有根本转变。而对于能源和资源的过度依赖和消耗，是中国经济发展方式中存在的明显弊端，迫切需要调整。

4. 居民收入分配两极分化现象比较严重

改革开放以来，尽管中国经济发展取得了巨大成就，但是居民收入分配不公平程度却大大增加，中国地区、城乡、行业、群体间的收入差距有所加大，分配格局失衡导致部分社会财富向少数人集中。我国基尼系数在 10 年前越过 0.4 的国际公认警戒线后仍在逐年攀升，贫富差距已突破合理界限,中国已经成为世界上贫富差距最大的国家之一,由此带来的诸多问题正日益成为社会各界关注的焦点,这是中国政府必须解决的棘手问题。许多专家认为,当前我国收入分配已经走到亟须调整的"十字路口",缩小贫富差距、解决分配不公问题十分迫切,必须像守住18亿亩耕地"红线"一样守住贫富差距的"红线"。虽然中国政府采取了一系列的措施,如:提高低收入人群的收入水平并且降低垄断收入、完善财税和社会保障制度、加强法制建设以及继续实施"两大战略"等,但是中国居民收入分配两极分化现象仍然比较严重,这在短期内难以改变。

5. 产业产值结构和就业结构不尽合理

中国在实现经济快速增长过程中,第一产业的发展速度比较慢,第二产业的发展速度比较快,第三产业的发展速度比第一产业快一些,但是比第二产业慢得多。这导致在整个产业结构中,第二产业所占比重最大,第一产业所占比重最小,三次产业呈现出二、三、一的顺序。与些同时,中国第一产业吸纳过多劳动力,第二产业和第三产业吸纳劳动力不足,尤其是第二产业吸纳劳动力明显不足。这表明了中国不仅产业结构不尽合理,而且产业就业结构也不尽合理。

6. 政府对经济的干预程度较高但是法律体系和私人产权保护不完善

相比起印度政府,中国政府对经济的干预程度较高。在中国经济高速增长中,中国政府直接推动因素比较多,中国政府可以在短期内集中几乎所有资源来推动经济发展,政府大力进行培育和指导整个经济活动。但是法律体系和私人产权保护不完善,中国的法制建设仍然滞后于实际的需要,由于法律体系非常不完善,行政机构公开干预司法活动的行为时有出现,司法机构仍然欠缺独立,人民群众的法制意识比较淡薄。同时,由于缺少产权保护,一些企业家在生产经营过程中会通过少报实际收入从而达到减轻损失的目的。这些都会在很大程度上影响中国社会主义市场经济的合理、有序以及稳定发展。

综上所述,中国粗放型经济发展方式特征比较明显。中国这种经济发展方式的优点是物质资本投入充足,并且国家对经济宏观调控比较到位,经济发展具有计划性。缺点是经济增长过度依赖高储蓄率和外资,投资过高而消费不足,过度依赖要素投入使中国经济增长内生性因素不足,居民收入分配两极分化现象比较严重,产业结构不尽合理,法律体系和私人产权保护不完善,这种经济发展方式可持续性不强。

(二)印度经济发展方式的特点

1. 物质资本存量对经济增长的贡献率较低

基于 SRA 模型分解结果表明,1978 - 2009 年,印度经济增长中物质资本所占比重比较低,这是印度经济发展方式的一大特点。但是尽管印度经济增长中物质资本所占比重比较低,印度经济增长率却比较高,在世界各主要经济大国中,印度经济增长率仅次于中国,说明印度物质资本利用效率却比较高。从附表 6 和附表 7 中也可以看出,印度物质资本投资 - GDP 比率和物质资本存量 - GDP 比率都比较低,这从某种程度上也说明印度投入产出效率比较高。

2. 全要素生产率对经济增长的贡献率比较高

基于 SRA 模型分解结果表明,1978 - 2009 年,印度经济增长中全要素生产率所占比重比较高。基于 SFA 模型分解结果和基于 DEA 模型的分解结果都表明了,1978 - 2009 年印度技术效率水平比较高。基于 DEA 模型的分解结果表明了,1978 - 2009 年印度的技术进步比较快,印度技术效率水平比较高,并且印度全要素生产率水平比较高。这些都表明了,印度经济高速增长主要是由技术进步和技术效率水平提高带来的，而并非是由要素投入的增加带来的。

3. 对外开放对经济增长的推动作用不大

印度于1991年开始实行自由化政策，走向对外开放，对外开放政策也的确在一定程度上促进了印度经济的快速增长。但是对外开放在促进印度经济增长方面的作用是有限的。第五章实证分析结果表明，对外开放程度与印度经济增长之间相关关系不明显，说明印度利用对外开放推动经济增长的能力不强，对外开放效果不是很好，需要进一步调整。我们分析可能的原因在于：印度推进对外开放政策比较缓慢，不如中国推进对外开放比较快；印度在对外开放方面持保留态度，印度的这种保留态度实际上是维护民族经济独立性与传统保守思想的综合体现；印度对外开放政策实施的时间相对较晚并且开放力度相对较小；在对外开放政策的制定过程中，改革与保守势力的斗争比较激烈，因而在政策上也表现出不连续性。这些都导致印度对外开放对经济增长的推动作用不大。

4. 环境污染严重并且资源消耗严重

同其他发展中国家一样，印度在实现经济高速增长的过程中也出现环境污染严重以及资源消耗严重的现象。环境污染方面，尽管政府一直自豪地宣称，印度的经济发展主要靠“无烟工业”——以软件为代表的信息产业和服务业，但实际上，空气和环境污染问题在印度已经非常严重了。与此同时，印度在环境问题上没有有效的监管机制，这使得印度环境污染无法得到有效控制。资源消耗方面，同中国一样，印度在实现经济高速增长过程中，对资源的消耗也比较严重。第六章分析结果也表明了，印度环境污染严重并且资源消耗严重，这是印度在经济发展过程必须着力解决的问题。

5. 产业就业结构不尽合理

在实现经济快速增长过程中，印度对产业结构也进行了较大的调整,印度第一产业产值占 GDP 的比重呈明显的逐年下降趋势,尤其是 1998 年以后下降更为明显,第二产业占 GDP 的比重比较稳定,变化不大,第三产业占 GDP 的比重呈明显的逐年上升趋势。总体上说,在整个产业结构中,第三产业所占比重最大,第一产业所占比重最小,三次产业呈现出三、二、一的顺序。印度产业产值结构总体上说比较合理,但是印度产业就业结构却不尽合理。印度第一产业吸纳过多劳动力,第二产业和第三产业吸纳劳动力不足,尤其是第三产业吸纳劳动力明显不足。

6. 政府对经济的干预程度较低并且法律体系和私人产权保护比较完善

相比起中国政府,印度政府对经济的干预程度较低,在印度经济增长中,政府直接推动因素比较少,政府的作用更多地表现为管制而不是推动,这是印度经济发展方式的一大特点。政府减少对经济的无谓干预,便于行业形成稳定的预期,其创新积极性才能够被全部的激发出来。同时,印度的法律体系更加完善,公民法制意识更加自觉,印度司法机构比较独立,很少出现行政机构公开干预司法活动的行为,政府在更多的时候是充当服务者的角色,而不是干预者的角色。印度的私人产权保护也比较完善,这能够充分发挥印度企业家积极性和主动性,从而对生产经营活动起到极大的促进作用。

综上所述,印度经济发展方式偏于集约型。印度这种经济发展方式的优点是投入—产出效率比较高,这种经济发展方式可以较好地避开国际市场疲软、原材料的依赖、投资过剩等一系列的问题,因而发展潜力相对比较大,经济发展可持续性也比较强。缺点是对外开放效果不是很好,利用出口推动经济增长的能力不强,需要进一步调整。

值得一提的是，中国和印度经济发展方式除了这些特点以外，在教育发展水平、科技发展水平以及国内外收支平衡问题等方面都各有特点以及优缺点，但是这些问题涉及的范围比较广泛，所以在这里我们不再详细研究，这些是我们以后进一步研究的方向。

二、中国和印度经济持续增长的制约因素分析

中国和印度经济能否实现持续增长是受一些因素影响和制约的，各国经济持续增长的制约因素也不同，本部分主要分析中国和印度经济持续增长的制约因素。

（一）中国经济持续增长的制约因素分析

1. 经济体制因素

我国在改革开放以前一直实行高度集中的计划经济体制。从理论上说，集约型经济发展方式本质上要求生产要素的配置要以提高效益为中心进行。而在传统计划经济体制下，无论是人、财、物哪一方面都难以实现这种配置，从而造成资源的巨大浪费。传统计划经济体制因其排斥市场机制，从而内生出粗放型经济发展方式。因此只有实现由计划经济向市场经济的过渡，才能找到实现经济发展方式转变的突破口，才有可能实现经济发展方式的转变。自从改革开放以来，我国经济体制改革已经有三十多年了，并且已经初步建立起社会主义市场经济体系。但是市场机制仍然还不是很完善，主要表现在以经济手段、法律手段和必要的行政手段为内容的宏观调控体系还不完善。这就造成价格还不能完全反映市场供求状况和资源稀缺程度，政府仍然掌握一些重要稀缺资源的配置大权。再加上目前中国存在个人和企业寻租行为，政府会利用手中权利为一些低效率企业提供各种便利，而在应当由政府发挥作用的一些领域，政府作用错位、越位和政府作用发挥不足或不当的问题却十分严重。这些是

中国经济持续增长的制约因素，也会导致中国粗放型生产方式的产生。

2. 制造业发展过快而服务业发展相对滞后

制造业是中国传统优势产业，也是发展速度最快的产业，目前中国制造业的总体规模与德国相当，可以说是个制造业大国。但是制造业关键技术自给率比较低，技术总体对外依赖程度较高，因此，可以说中国制造业的发展主要靠外来关键技术和重要装备的支撑。而与此同时，更能体现技术进步的服务业发展却相对滞后，据中国社会科学院统计资料(2007)，中国服务业占GDP的比重为39.1%。目前，全球服务业占GDP的比重平均达到60%以上，主要发达国家则达到70%以上。即使是中低收入国家也达到了43%的平均水平[①]。这就表明了，中国服务业发展相对滞后。总之，依赖大量物质资本投资的制造业发展过快，而更能体现技术进步的服务业发展却相对滞后，这使得中国粗放型经济发展方式特征比较明显。因此近年来中国经济高速增长不是依靠技术进步和改善效率来实现，而是由物质资本投入高速增长来驱动，但是盲目投资和投资过热会给经济造成负面影响。因此中国经济发展方式是一种高投入、低质量和高增长的方式，是一种不可持续的经济发展方式，如果继续按此经济发展方式发展，不仅加剧能源和环境压力，而且也是“得不偿失”的。

另外，我国制造业发展过快的原因在于外国资本和国内资本流向于制造业的比重过大，由于我国最近几十年来长期采用低利率、低土地价格、低能源价格和低原材料价格等政策，再加上我国对外商长期采取优惠政策，所以国外和国内投资者倾向于投资制造业。

---

① 中国制造业的发展也需要技术进步，但是如前所述中国制造业关键技术主要依赖进口，而不是自给。

3. 储蓄率比较高并且吸引外商投资相对较高

中国经济增长有一个显著的特征就是物质资本存量对经济增长的贡献率较高,造成这种现象的主要原因是中国的储蓄率比较高并且吸引外资额相对较高。国民储蓄率方面,2002 年中国国民储蓄总值占国民总收入的 44%,吸引外商投资方面,在"金砖国家"中,中国的引进外资力度、规模及外资对国民经济的贡献都是最大的。外商在中国投资享有优惠政策和待遇,某些方面甚至是超国民待遇,因此中国利用外资额增长很快。在加入世界贸易组织以前,中国的实际利用外资额就已经很大,从 1990 年到 2001 年,中国实际利用外资 5108 亿美元,其中外商直接投资 3780 亿美元。中国已经成为发展中国家第一大引资国。在 2001 年加入世界贸易组织以后,以《中外合资经营企业法》、《中外合作经营企业法》和《外资企业法》三大基本法律及其实施细则为主体的外商投资法律体系已经基本建成,并且中国连续多年被世界投资者评为投资环境最好的国家之一。2002 年,中国实际利用外资达到 550 亿美元,其中外商直接投资 527 亿美元,首次进入世界引资大国前三位(美、英为前两位)[①]。2003 年,中国吸引外资约占世界总量的 8%,占发展中国家的 24% 和亚洲的 53%[②]。特别是 2004 年,中国实际使用外资 606 亿美元,居全球第二位[③]。如此高的储蓄率和外商投资额会造成中国物质资本投资的偏高,从而会造成物质资本存量的偏高,因此,相对于"金砖国家"其他国家而言,中国物质资本存量对经济增长的贡献自然

---

① 李洁:《中国、巴西、印度三国利用外资政策和绩效比较》,《世界经济与政治论坛》2005 年第 6 期。

② 李洁:《中国、巴西、印度三国利用外资政策和绩效比较》,《世界经济与政治论坛》2005 年第 6 期。

③ 韩彩珍:《中国利用外资过度了吗?》,《中国外资》2006 年第 6 期。

偏高。

4. 国有企业效率低下以及金融系统不完善

企业效率指投入与产出或消耗与产出的比例关系，是企业生产经营能力高低的具体体现。由于历史和体制方面的原因，我国国有企业在改革过程中形成一系列问题：一是我国国有企业法人治理结构不完善，突出表现为不少的国有企业还没有进行规范的公司制改革；二是国有企业富余人员过多的问题仍很突出，造成人才留不住，冗员出不去，效率难以提高；三是国有企业办社会现象严重，造成国有企业负担沉重；四是国有企业还遗留着大量呆账坏账和不良资产，这些影响国有企业经济效益提高和国有企业健康发展；五是国有企业内部劳动、人事和分配三项制度改革尚未到位，造成分配上的平均主义倾向。这些都是造成我国国有企业效率低下的重要原因。

相对于印度而言，我国金融系统不完善，就中央银行而言，目前存在着三大最突出的问题。(1)中央银行缺乏超然独立地位，总行仍受中央政府的直接控制，重大金融问题的决策不是由货币政策委员会作出，而是由国务院决定。这样，货币政策的运用往往是被动地跟着政府的主张走，难以全面有效地反映客观货币运行规律，从而难以确保货币政策的连续性和有效性。(2)中央银行现在虽然已不在监管证券业和保险业，但中央银行仍要监管 3 家政策性银行，4 家国有独资商业银行，10 大家股份制商业银行，88 家合作商业银行，143 家信托投资公司，71 家农村信用社等，如此繁重的监管任务和过宽的监管范围，不仅严重影响了中央银行监管的有效性，而且损害了中央银行制定和实施货币政策的根本职责。(3)中央银行的调控方式仍带有很强的计划性或直接行政干预性，不仅利率尚未充分自由化和市场化，并强制实行有管理的浮动汇率制度和结售汇制度，而且商业银行的贷款投向、贷款种类、贷款方式以及内部组织结构调整和高级管理人员调配,都要由中央银行统一安排,结果造成金融机构特别是商业银行缺乏应有的自主权,无法推进金融市场的有效发展。

就经营性金融机构而言,最大的问题是信贷风险过高。主要有三大问题:(1)金融机构尤其是国有独资商业银行尚未完全实行企业化经营,至今仍在办理诸如特定贷款之类的政策性业务。同时,原有的政策性贷款所形成的历史遗留包袱又非常沉重,这就促成了金融机构只注重吸收存款的运作方式,根本忽视资产风险管理,甚至不讲究收益最大化的原则。(2)受传统计划经济体制和直接行政干预的影响,政府、工商企业、金融机构严重缺乏信用意识,把信贷资金当做国家财政拨款来使用,不讲资金使用的质量、成本和收益。(3)政府和中央银行缺少在市场经济条件下搞活金融的实际经验,更缺少高素质的专业人才,某些金融改革政策就难免出现失误,最终导致花钱买教训。

就金融市场发育而言,主要存在体系不完整和行为不规范两大缺陷。金融市场体系不完整,集中反映在几个方面:(1)现实市场体系中没有黄金条块市场金融衍生品市场和大额存单市场。(2)外汇市场由于受汇率管理制度和人民币尚未完全可自由兑换的影响实际处于半开半放状况。(3)由于存贷款利率尚未完全市场化致使资金供求双方无法有效自主决定贷款价格造成中长期信贷市场发展缓慢。(4)工商企业债券的发行与交易由于受中央银行证监会国家计委等部门的严格管制,发展速度极为迟缓。相反,政府债券和政策性银行债券的发行就基本不受限制。金融市场行为不规范集中反映在:国没有完整的有关企业重组和兼并的法律,政企又很难分开。一旦上市公司亏损,则政府一定会出面救助,注入优质资产,使之死而复活反之,如果上市公司业绩非常好,则政府一定会放手揩油,使之生不如死。由此必然导致股市行为不规范,炒内幕消息,搞过度投机。

5. 企业技术创新不足

当今世界，科学技术已成为推动经济社会发展的主导力量，国家的竞争力越来越体现在以自主创新能力为核心的科技实力上。据统计，西方发达国家以技术创新为核心的技术进步对国民经济增长的贡献率已超过了80%，发展中国家的平均水平为35%，而我国技术创新对国民经济增长的贡献率只有20%左右，不仅与发达国家相距甚远，而且大大低于发展中国家的平均水平。

我国企业技术创新不足表现在：企业缺乏关键和核心技术，大量关键技术和核心技术引自国外；对引进技术消化吸收的能力低下，企业再创新能力比较低下；以企业为主体、产学研结合的技术创新体系尚未形成等方面。企业技术创新能力的不足已成为制约我国经济发展的主要障碍，不仅是我国粗放型生产方式形成的重要原因之一，也是我国经济持续增长的制约因素之一。

我国企业技术创新不足的原因表现在：促进中小企业技术创新的政策法规不完善；促进中小企业技术创新的政府组织体制不顺；中小企业技术创新的融资渠道不畅；支持中小企业创新的社会化服务体系有待完善等方面。因此，要加快建立以企业为主体、市场为导向、产学研相结合的技术创新体系，并制定一系列政策体系，为企业积极开展自主创新、形成自己的核心竞争力提供良好的政策环境。

除了上述因素以外，中国区域间发展差距、城乡差距以及个人收入差距不断扩大、农业发展相对缓慢以及劳动力成本上升等都是中国经济持续增长的制约因素。

（二）印度经济持续增长的制约因素分析

1. 储蓄率比较低并且吸引外商投资相对较少

印度经济增长有一个显著的特征就是物质资本存量对经济增长的贡献率较低（尤其是相对于中国而言），造成这种现象的主要原因是印度的储蓄率比较低并且吸引外资额相对较少。国民储蓄率方面，2002 年中国国民储蓄总值占国民总收入的 44%，而印度只占 22%。吸引外商投资方面，印度吸引外商投资在数量上要远远小于中国，2003 年对中国的国外直接投资累计总额为 5015 亿美元，而对印度的累计投资总额只有 308 亿美元，同年，流入中国的国外直接投资为 535 亿美元（资本形成为 12.4%），流入印度的投资是 43 亿美元（资本形成为 4%）①。如此低的储蓄率和外商投资额会造成印度物质资本投资的偏低，从而会造成物质资本存量的偏低，因此印度经济增长中物质资本存量的贡献自然偏低（相对于中国而言）。由于过低的投资增长，并且过高的人口增长率，使得印度失业问题比较严重。

2. 印度人口数量庞大并且人口素质相对较低

一个国家的经济实力与人口数量有着重要的关系，一个国家只有具备相应的人口才能形成一定的经济规模，但是如果人口数量过于庞大，或者低素质人口数量过多，超过本国资源与环境的承载能力，就会成为制约经济增长的因素。

目前印度人口超过 10 亿，并将于 2050 年达到 16 亿，届时，印度将超过中国成为世界第一人口大国。由于人口迅速增长，印度不得不把资金分散在越来越多的人口的教育、医疗和饮食等方面，从而严重影响了对经济建设的投资，因此印度人口的过快增长在很大程度

---

① 马丁·沃尔夫：《中国和印度不同的发展道路》，李白译，《国外社会科学文摘》2005 年第 5 期。

上抵消了其经济增长的成果，反而影响了人民生活水平的提高。与人口数量相比，印度人口素质相对较低，据印度2001年人口普查结果，男性与女性的识字率分别为75.85%和54.16%，总识字率为65.38%，有近四成人口是文盲，适龄人口进入高校的比例为10%。这些低文化水平的劳动力不但不能成为促进印度经济发展的积极因素，反而成为制约印度经济持续增长的制约因素。

3. 民族矛盾、宗教矛盾和种族姓氏制度

印度民族众多，宗教复杂。印度有13个大民族和上百个小民族，可以说印度是世界上民族种类最多的国家之一，这些民族的语言、宗教信仰和生活习惯等方面有许多不同之处，甚至相互对立。印度也是世界上宗教和教派最多的国家，印度独立后，民族宗教的暴力冲突造成很多人员死亡，民族与宗教矛盾等因素不仅严重阻碍了印度经济的发展，而且很大程度上威胁着印度社会的稳定。同时印度的种族姓氏制度将社会分割成一个个互相排斥、彼此对立的社会集团，这不仅造成印度社会凝聚力的严重缺失，而且使政府的政策很难得到彻底贯彻施行。

4. 基础设施薄弱并且能源短缺

由于历史和现实的因素，大多数发展中国家基础设施都比较落后，严重地阻碍了发展中国家经济的发展，因此许多学者把发展中国家落后的基础设施比喻为其经济发展的“瓶颈”，这种现象在印度表现的极为突出。

印度基础设施严重滞后于经济增长的需要，印度基础设施滞后尤其表现在铁路、公路、机场和港湾等领域，这些领域基础设施严重不足并且效率也比较低下。与此同时印度能源严重短缺，尤其是石油和电力等能源严重短缺，长期以来印度所需要石油的相当部分都依赖进口，并且印度电力长期不能满足社会经济发展的需要，缺电率长期在10%以上,从而严重影响了印度社会经济的发展,印度能源短缺问题会严重拖累印度经济增长的后腿。此外,电报和电话等现代通信设施在印度更是发展缓慢,致使信息流通不畅,给国民经济各个部门的发展都带来阻力,从而也在一定程度上减慢了印度经济发展的步伐。

除了上述因素以外,印度严厉的劳工法、贫困问题、失业问题以及周边安全问题等都是印度经济持续增长的制约因素。

综上所述,中国和印度经济发展方式是不同的,印度经济发展方式偏于集约型,中国粗放型经济发展方式特点比较明显。中国和印度经济发展方式各有特点,经济持续增长都存在一些制约因素,从总体上说,中国和印度经济发展方式的发展趋势都是朝向集约型经济发展方式发展。

三、本章小结

中国经济发展方式的特点是:物质资本投入对经济增长的贡献比较高、利用科技进步效率和生产经营效率低下、环境污染严重并且资源消耗严重、居民收入分配两极分化现象比较严重、产业产值结构和就业结构不尽合理以及政府对经济的干预程度较高但是法律体系和私人产权保护不完善;印度经济发展方式的特点是:物质资本存量对经济增长的贡献率较低、全要素生产率对经济增长的贡献率比较高、对外开放对经济增长的推动作用不大、环境污染严重并且资源消耗严重、产业就业结构不尽合理以及政府对经济的干预程度较低并且法律体系和私人产权保护比较完善。中国经济持续增长的制约因素是:经济体制因素、制造业发展过快而服务业发展相对滞后、储蓄率比较高并且吸引外商投资相对较高、国有企业效率低下以及金融系统不完善以及企业技术创新不足;印度经济持续增长的制约因素是:储蓄率比较低并且吸引外商投资相对较少、印度人口数量庞大并且人口素质相对较低、基础设施薄弱并且能源短缺以及民族矛盾、宗教矛盾和种族姓氏制度。

第十一章　中国和印度经济发展方式相互借鉴之处

——兼论转变我国经济发展方式的对策措施

一、中国和印度经济发展方式相互借鉴之处

前述研究结果表明了中国和印度经济发展方式各有特点，也各有优缺点，正是两国在经济发展方式方面存在的这些特点及优缺点，构成了它们之间相互比较、相互借鉴的基础。因此印度经济发展方式对中国既有重要的启示[①]，也有引以为鉴的地方。当然中国经济发展方式对印度也有重要的启示和引以为鉴的地方。在此基础上可以提出转变我国经济发展方式的对策。

（一）印度经济发展方式对我国的借鉴之处

1. 印度经济发展方式对我国的启示之处

（1）加强服务业的发展

服务业发展相对比较快。由于独立以来印度经济发展缓慢，印

---

① 虽然美、日等发达国家经济增长方式是高度集约化的经济增长方式，但是由于经济发展水平、经济发展基础和人力资源等方面中国与这些发达国家相差甚远，中国与美日等发达国家经济增长方式不具有可比性，因此美日等发达国家经济增长方式对中国的借鉴之处是有限的。相比之下，印、俄、巴三国与中国的经济发展水平相近，印、俄、巴三国经济增长方式对中国具有重要的借鉴之处。

度政府无力把大量资金投入交通、电力等基础设施的建设和改造，因此印度基础设施建设十分薄弱，所以以基础设施为基础的制造业发展比较缓慢。印度避开自己制造业薄弱的劣势，充分利用自己相对雄厚的科技和教育基础的优势，大力发展那些不受基础设施短缺限制、技术含量高的服务业①。2005 年，印度服务业产值已占印度 GDP 的 54%，这在发展中国家特别是发展中大国中是比较突出的，已经接近中等发达国家的水平。现在服务业已成为印度的主导产业，服务业中的软件业是印度最具有国际竞争优势的产业。而中国同年服务业产值仅占 GDP 的 40.3%②。服务业中的软件业则是印度发展的重点，印度的软件业在世界上是最具有国际竞争优势的产业，近几年来，印度的软件业年均增长率一直保持在 50% 以上，在世界软件开发和特种软件市场所占的份额几乎达到了 20%。与之相关的信息服务、咨询服务、会计服务、技术服务等领域也有很好的发展③。与制造业相比，以软件技术为基础的服务业属于智能产业，对劳动力的素质要求更高，利润则更丰厚，印度在这些领域已经发展出自己的名牌企业。因此，我们不能不肯定印度服务业确实发展得非常成功，特别是它的软件产业，在全世界范围内都取得了成功。我国服务业的发展状况相对于 GDP 增长来说，无论是和发达国家相比，还是和中等收入国家相比，甚至和部分低收入国家相比都属于落后状态。总体上说，服务业属于智能产业，服务业的发展对于中国实现经

---

① 印度在重点发展服务业之前，已经成功进行了农业改革。印度农业改革有“绿色革命”、“白色革命”和“蓝色革命”之称，印度独立以后，为了解决粮食问题，从 20 世纪 60 年代开始，就实行新的农业发展战略－“绿色革命”，引进、改良和推广高产优良品种，提高粮食单位产量。从 1977 年起，印度开展“白色革命”，引进、培育和推广优良水牛品种，建立牛奶生产合作社，使牛奶产量有很大提高。80 年代后期印度又推行“蓝色革命”，大力开发江、河、湖和海资源，快速发展水产养殖业。在此基础上，80 年代末至 90 年代初印度开始重点发展服务业。

② 李天华、李良明：《印度经济改革及其对我国的借鉴意义》，《安庆师范学院学报》（社会科学版）2006 年 7 月。

③ 李大薇：《印度发展模式研究》，《四川经济管理学院学报》2008 年第 2 期。

济发展方式收粗放型向集约型转变具有重要的意义。因此,中国应该加强服务业的发展,提高服务业产值占总产值的比重。中国要加强服务业的发展,首先要放松行业管制,降低行业进入门槛,使每个服务行业都能在充分竞争的基础上得到良性发展;其次从信贷、税收和技术等方面对中小服务企业提供支持,以满足广大人民群众的消费需求;最后,要逐步加大服务业的资金投入,改变我国服务业发展中资金不足的矛盾,以加快服务业的发展。

(2)提高消费支出在总支出的比重

投资、消费和出口是拉动经济增长的"三套马车",然而中国消费对经济增长的贡献率很低,大约只有印度或世界平均水平的一半,还不到40%。在这有限的消费当中政府消费还占据了总消费的相当大的比重,政府消费过高又往往压制了私人消费。因此中国保持持续增长的关键是重视消费的增长尤其是私人消费的增长,从而提高消费对经济增长的贡献率。中国可以采取一些措施来提高私人消费对 GDP 的贡献率,这些措施的关键是降低人们所必需的住房、医疗和教育的高昂价格。从中国居民 2007 年人均消费支出的构成来看,中国居民在教育、医疗、住房等方面的开支占居民总支出的 45% 以上[①]。因此,应该逐步降低这些商品和服务的价格。同时,中国应该进一步增加社会保障支出,解决人们消费的后顾之忧,这样才能从根本上解决中国储蓄、投资过高而消费相对不足的问题。

(3)加快民族企业的发展

促进民族企业的发展,从本国内部寻求经济发展的动力。改革开放的二十多年时间里,中国一直在努力吸引外商直接投资(FDI)。中国经济的快速增长在很大程度上是由 FDI 推动的,各级地方政府都为外资企业提供了各种各样的优惠政策,但是提供给民族企业发

① 张勇、王玺、古明明:《中印发展潜力的比较分析》,《经济研究》2009 年第 5 期。

展环境却明显次于外资企业,并且中国的金融机构对民族企业在资金方面支持也相对不足。因此中国经济的繁荣在很大程度上是FDI的产物，这反而掩盖了本国民族企业实力的不足。与此相反的是，印度主要从本国内部寻求发展经济的动力，印度注重本国民族企业的发展。一直以来印度的外资企业都与印度本土的企业负担着基本相同的公司所得税率,印度在通过政策激励和财政扶持等手段促进本国的民营企业的发展方面却远远胜过中国,印度的这种注重民族企业的发展的政策使印度涌现出一批能与欧美公司竞争的世界级企业。印度有不少上百年历史的企业 ,它们经营稳定,运行机制成熟。但在中国,FDI 承受的实际税率大约只有国内企业税率的一半,而且由于地方政府把引进外资作为一个重要目标来对待,对外资的流向基本不加选择。因此,中国在一定程度可以借鉴印度引导外资流向先进技术行业以及优先发展行业的政策措施。

(4)完善金融体系和法律体系

完善的金融体系和法律体系对一个国家经济运行有着至关重要的作用,相对于中国而言,印度有比较完善的金融体系和法律体系,并且日趋完善。印度拥有比较完备的银行系统和银行网络,印度资本市场发育也比较成熟，印度拥有23 家证券交易所和近一万家上市公司,这些都足以支持印度民族企业的发展。印度金融系统运行比较健康,银行坏账率比较低（大约10%）。印度金融市场已对外资完全开放,特别是引进了风险资本,目前外国投资者拥有印度股票的金额已达到其总额的40% ,孟买证交所已经成为世界上最活跃的股市之一。外商已比较完整地获得了市场准入、分销、投资、地域选择和技术进出的自由,这些都不需要政府批准①。由于历史原因，印度直接继承了英国经济立法方面的内容，其法律体系非常完善，并且与

① 孔庆赟:《印度改革路径的选择及其启示》,《湖北教育学院学报》2007 年第5 期。

一些欧美国家的法律体系有着很好的兼容性。特别是 20 世纪 90 年代以来，印度重点完善了知识产权法和电子商务法等法律体系。印度完善的法律体系保证了其经济能够得到健康稳定的发展,也促进了印度现代企业制度的完善,印度企业管理水平相对比较高。这些都值得中国借鉴。

2. 印度经济发展方式对我国引以为鉴的地方

(1)利用对外开放的效果不太理想

印度利用出口推动经济增长的能力以及利用外资的效果不很理想。投资、消费和出口是拉动经济增长的三大因素,出口对于一个国家经济持续增长和保持宏观经济稳定的作用不容低估。然而由于印度在对外开放政策方面一直持保留的态度,所以印度利用出口推动经济增长的效果不太理想,同时,印度利用外资推动经济增长的能力不强,这也导致印度对外开放的效果不是很理想。当然这与印度民族经济独立性和传统保守思想过强的关。中国改革开放以来,虽然利用外资的效果比较好,利用出口推动经济增长的能力比较好,对外开放的效果也比较好,但是维护民族经济独立性方面还比较欠缺的。因此对于中国而言,如何处理好对外开放和维护民族经济独立性方面是一个有待解决的问题。

(2)由这种经济发展方式带来的失业等问题

印度这种经济发展方式也带来其他一些问题,比如失业问题严重等。印度以软件产业为重点的服务业比较发达,制造业相对比较落后,服务业所提供的就业岗位相对比较少,而印度又是世界上第二人口大国,所以印度失业问题比较严重。中国的失业问题并不是很严重,这主要是因为我国经济增长速度比较高,一旦经济增长速度降低,失业问题就很突出。因此中国应该重视就业问题的解决,在大力发展资金技术密集型产业的同时,也要大力发展吸收就业能力强的产业。

（二）中国经济发展方式对印度的借鉴之处

1. 中国经济发展方式对印度的启示之处

（1）物质资本投入比较充足

相比起印度而言，中国经济增长中物质资本投入比较充足，中国的 GDP 增长主要是由物质资本投资驱动的。从附表 4 – 附表 7 的数据可以得知，1978 年，中国物质资本额还低于印度，物质资本存量与印度差不多，但是 2009 年，中国物质资本额和物质资本存量已经数倍于印度。并且 1978 – 2009 年，中国物质资本投资 – GDP 比率以及物质资本存量 – GDP 比率都远高于印度。这也表明国家在鼓励投资方面的政策是比较有成效的，这一点应该值得印度借鉴。

（2）国家对经济宏观调控比较到位

不论是中央政府还是地方政府都加强宏观调控，如：制定经济和社会发展战略方针、制定产业政策，以控制总量平衡；规划和调整产业布局；制定财政政策和货币政策，调节积累和消费之间的比例关系，实现社会总供给和社会总需求的平衡。另外科学地编制各项经济计划，使经济计划建立在有充分科学根据的基础上，使其在中长期的资源配置中发挥应有的作用，弥补完全依靠市场配置资源的不足。通过这些政策的实施，从而使经济能够保持持续稳定增长。这些也值得印度学习。

2. 中国经济发展方式对印度引以为鉴的地方

（1）中国经济增长内生性因素不足

中国经济增长严重依赖外资而使得经济增长内生性因素不足。2003 年，麻省理工学院的华裔学者黄亚生（ Huang Y asheng）与哈佛商学院学者韩泰云（Tarun Khanna）在美国《外交政策》7 – 8 月号上发表文章，专门就印度与中国的发展前景展开分析。他们得出的结论认为："（中国）与长期以来相对落后的印度的比较却表明，外商直接投资并非是走向繁荣的独木桥。实际上，靠发展本土企业的印度要比因银行资金短缺、金融市场疲软而受到重重限制的中国具有长期的相对优势。"[①] 这一观点在学术界一度激起了强烈的反响。也正因为如此，不少学者认为在今后的几十年时间里，印度很可能超过美国和中国，成为世界上最大的经济体。

（2）经济增长中环境污染和资源消耗严重

第六章分析结果也表明了在某些指标方面，中国环境污染和资源消耗要远远超过印度、俄罗斯和巴西三国，事实上，改革开放以来伴随着中国经济高速增长，人均资源消费量和资源消费总量也在迅速扩大，环境污染也在日益加重。据中国科学院可持续发展战略研究组研究结果，从中国主要资源消费指标占世界总量比重来看，中国已经是第一大耗水国，第一大钢材消费国，第一大水泥消费国，第一大煤炭消费国以及第二大能源消费国和温室气体排放国，从这个意义上看，中国已经成为世界主要资源消耗和污染排放的"超级大国"。这使得中国经济增长的质量大大降低，因此，在实现经济高速增长过程必须处理好人口、资源与环境的关系，一旦人口红利消失、自然资源消耗殆尽或生态系统难以支撑之时，这个国家将变成一个无增长潜力的废墟。所以这些不仅是印度、俄罗斯和巴西三国，也是其他发展中国家应该引之为鉴的地方。

二、转变我国经济发展方式的对策措施

经济发展方式由粗放型向集约型转变，是现代化社会大生产的内在规律，是实现一个国家经济可持续发展的根本途径。转变经济

① 王学人：《中国与印度经济改革之比较》，《天府新论》2008 年第 5 期。

发展方式,不只是某个国家的问题,而是世界性难题,不同国家在不同的经济发展阶段,转变经济发展方式的具体对策也有所不同,而如何将我国的经济发展方式由粗放型转变成集约型是众多学者们讨论的热点话题,转变我国经济发展方式既是摆脱我国资源约束的要求,也是提高我国经济增长质量,增强国家竞争力的要求。我们既要借鉴印度包括世界各国的成功经验,又必须考虑我国资源条件、技术水平、生态环境、经济基础以及经济发展所处特定阶段等多方面因素,趋利避害,实现我国经济发展方式的转变。本章节的中心思想是:将我国的经济发展方式由粗放型转变成集约型就必须提高技术进步率和技术效率以提高全要素生产率;政府实施制度创新;进行要素价格体系改革以提高原材料价格、能源价格和土地价格;进行利税制度改革适当提高利率和税率以降低物质资本投入;大力开展节能减排工作以减少经济增长成本。这些是总的设想,具体措施如下:

（一）提高技术进步水平

技术进步是全要素生产率的重要组成部分之一,我国的技术进步水平在发展中国家比较高,但是相比起发达国家而言,我国的技术进步水平并不算高,即使比起印度,我国技术进步还显得偏低[①]。我们认为应该从以下几个方面提高我国技术进步水平:

1. 技术引进和自主研发相结合

我国目前还是发展中国国家,自主研发的成本太大,因此国家应该通过多引进技术来取得技术创新,第二次世界大战后日本就是通过引进技术,从而实现国家富强的。印度在引进国外先进技术方面的做法也值得中国借鉴。印度总体技术水平比较高是与印度技术引进分不开的。印度历来十分重视引进国外先进技术。印度引进国外先进技术主要是通过以下途径:第一,允许外国技术转让者在印度设

① 其中的原因在前文中已经作出详细说明。

立分支机构、工厂、商社或其他经营机构从事经贸活动,由此给印度带来相应的先进技术或专有技术;第二,同外国技术转让者签署双边技术引进合作协议;第三,聘请外国技术专家来印度工作,并且传授技术。中国可以借鉴印度的这些做法,引进国外先进科学技术。

但也不是说不用自主研发,当我们国家的某些技术和发达国家差距不远,或者因为某些原因而难以从发达国家引进时应该实行自主研发。这样随着我国经济的发展,需要自主研发的科研领域也越来越多,相应就会促进技术进步,也会促进全要素生产率水平的提高,我国的经济发展方式也会相应得到转变。

2. 加强用市场激励的方式促进技术创新

中国的企业成本都处在上升过程中,企业技术创新是抵消成本上升的最佳方法之一, 然而由于企业技术创新具有不确定性和外部性,使得企业技术创新动力明显不足。因此,必须利用各种市场激励的方式推动企业技术创新活动的顺利开展。第一,对从事研发活动的企业实行税收优惠政策,税收优惠政策加快了企业的研究开发和技术革新进程,对企业实现迅速的技术进步具有很大的作用,相应的对于促进全要素生产率的提高也具有很大的作用;第二,对从事研发活动的企业给予一定的政府补贴,以帮助企业完成技术创新活动,政府补贴政策同样加快了企业技术研发和技术革新进程,对企业实现迅速的技术进步也具有很大的作用,相应的对于促进全要素生产率的提高也具有很大的作用;第三,科学技术研发产品对国家的长期发展和公共利益具有举足轻重的作用,其价值能够通过市场活动得到体现,因此政府不能过多地参与科学技术研发产品的定价,市场能够对这些产品价值作出反映,价值规律能够对资源的配置进行有效的调节。

3. 建立和完善技术创新服务体系

第一,培育技术中介服务机构,并且鼓励技术中介服务机构为中小企业提供信息、设计、研发、技术转移和技术人才培养等服务，促进科研成果尤其是拥有自主知识产权科研成果的市场化和产业化；第二，鼓励大学、科研院所和拥有科研能力的大企业开放科研设施，为中小企业提供科研服务；第三，营造公平的人才发展环境，政府相关部门要建立健全中小企业人才服务系统，帮助中小企业解决技术人才引进和技术人才培训等实际问题。

（二）提高技术效率水平

技术效率水平也是全要素生产率的重要组成部分之一，我国的总体技术效率水平比较低，我国的技术效率水平低于印度，因此必须提高我国技术效率水平，从而提高我国全要素生产率，进而可以促进我国生产方式的转变。我们认为应该从以下几个方面提高我国技术效率水平：

1. 深化国有企业改革

我国国有企业经营效率低下，这会降低我国技术效率水平，因此必须深化国有企业改革。第一，我国大多数国有企业的公司制改革离规范的现代企业制度还有一定差距，不少国有企业还没有建立董事会，因此应该进一步完善法人治理结构；第二，采取措施逐步解决国有企业负债率过高、资金不足和社会负担重等问题；第三，进一步实施国有企业下岗分流、减员增效和再就业工程，要把减员与增效有机结合起来，达到降低企业生产成本、提高企业效率和效益的目的。

2. 提高政府部门工作效率

政府部门工作效率的提高也会提高我国技术效率水平，从而会提高我国全要素生产率水平。我们认为要提高我国政府部门工作效率，第一，转变政府职能，处理好政府与市场之间的关系，充分发挥市场在资源配置中的基础性作用，凡是市场能做好的，就交给市场去做,凡是市场做不好的,就由政府去做;第二,通过制度建设,从源头控制腐败问题,并且消除垄断租金;第三,加快政府信息公开化,让政府变成一个看得见的政府、负责任的政府和值得信赖的政府;第四,推行电子政务,提高政府部门工作效率,减少政府部门管理成本;第五,推进政府机构改革,废除领导干部职务终身制、精简各级领导班子和加快领导班子队伍年轻化建设步伐。

3. 规范规章制度管理

大到国家小到企业,规范规章制度管理是必不可少的。规章制度是一个组织或者团体要求成员共同遵守的办事规程和行动准则,对于任何一个组织或者团体规章制度不仅是控制风险的一个重要手段,也是提高效率、实现组织目标的一个重要保障。从某种意义上说规章制度制定落实的如何,将直接决定一个组织的成败。要提高技术效率水平,就必须规范我国各级单位规章制度管理。

4. 强化各种激励机制

激励,是发掘人力资源的潜力、充分展现人才价值的强有力手段。激励,就是通过激发人的内在欲望和需求而使其产生实现组织目标的行为活动的过程。强化各种激励机制不仅可以有效落实组织规章制度规定的内容,而且可以激发组织成员积极性,并且提高组织工作效率。具体来说要做到:第一,充分运用动力原理(包括物质动力、精神动力和信息动力),激发全体员工的工作热情,激发其工作积极性和创造性,达到提高工作效率的目的;第二,充分运用弹性冗余原理,对人才的使用要保持一定的弹性,不能刺激过量,控制过严,使用过度,使各类人员在紧张而又有秩序的工作状态下保持身心健康,从而提高工作效率;第三,充分运用竞争强化原理,通过企业内部各种有组织的竞赛和良性的竞争,培养和增强员工的进取心、事业心、胆识和毅力,使他们在竞争中强化和发展自己的才能,使他们能够最大限度地激发出刻苦奋斗的精神和工作热情,从而提高工作效率。

（三）深入制度改革与创新

实施制度创新对加快我国经济发展方式的转变具有重要作用,劳动者在经济增长中作用的发挥还必须依赖良好的制度环境,良好的制度环境可以充分发挥社会主义市场经济体制的优越性,可以激发劳动者的生产积极性和创造性,从而可以促进经济的发展。同时,我国是一个劳动力资源丰富而资本和自然资源稀缺的国家,对于一个国家来说,某种生产要素越丰裕，它的相对价格就越低,而某种生产要素越稀缺,它的的相对价格就越高。我国的劳动力比较丰裕,因此劳动力的相对价格应该比较低，我国的资本和自然资源比较稀缺,因此资本和自然资源的相对价格应该比较高。因此，我国在实现经济增长过程时，应当尽可能多地使用劳动，而非资本和自然资源。但是最近几十年来，我国长期采用低利率、低土地价格、低能源价格和低原材料价格的政策，致使出现价格扭曲现象,企业实际支付的要素价格体系并不符合我国的要素禀赋结构,这些价格扭曲现象到目前为上还没有得到矫正。在这样一个扭曲的要素价格体系下，企业选择的经济增长方式必然是资本和土地密集型的增长[①]。这也决定了我国的经济发展方式必然是粗放型经济发展方式。因此,要转变我国的经济发展方式变必然要实施制度创新、进行要素价格体系改革并且提高利率。我们认为应该从以下几个方面入手：

1.加快经济体制和政治体制改革步伐

我国经济体制和政治体制改革都比较滞后,这在一定程度上制约了其他方面制度创新的深入进行,也妨碍了经济发展方式的转变。在这方面中国可以借鉴印度和俄罗斯经验,印度自 1991 年改革以来,制度创新方面取得巨大的成效。印度在改革的过程中,逐渐减少

① 林毅夫、苏剑:《论我国经济增长方式的转换》,《管理世界》2007 年第 11 期。

政府对企业的干预，扩大企业自主权，完善议会民主制度，并且印度拥有完善的金融体系和法律体系，这些都对印度后来的经济增长起着重要的作用。90年代末，俄罗斯政府坚决打击官僚腐败、完善产权保护、强化合约执行能力并且进行司法体系改革等，俄罗斯制度环境趋于稳定。在经济体制改革方面，中国应该进一步完善市场机制，使价格能够基本上反映市场供求状况和资源稀缺程度。在政治体制改革方面，应该加快推进社会主义民主政治制度化、规范化和程序化进程，为党和国家实现依法治国和长治久安提供政治和法律制度保障。

2. 深入开展反腐倡廉工作

实施制度创新要求继续深入开展反腐倡廉教育，促进领导干部廉洁从政，深入推进从源头上预防腐败工作。另外也要从源头上预防“寻租行为”的发生，杜绝形形色色的“寻租行为”，提倡公平竞争。腐败也一直是严重困扰俄罗斯社会的一个严重问题，所以俄罗斯政府非常重视反腐倡廉工作，俄罗斯政府制定了庞大的反腐倡廉计划，内容包括政府官员个人财产申报制度、建立反腐败的法律基础和腐败预防机制、公众和议会对反腐败工作的监督、提高司法官员素质和加强法制教育等，这些措施也取得了一定的效果。虽然国情不同，但是俄罗斯反腐倡廉方面的做法值得中国借鉴。

3. 完善金融体系和法律体系

完善的金融体系和法律体系对一个国家经济运行有着至关重要的作用，金融体系和法律体系不完善也会影响到我国技术效率水平的提高。印度拥有比较完善的金融体系和法律体系，这对印度经济的健康稳定增长起了重要的作用。相对而言，我国的金融体系和法律体系还不完善，因此应该借鉴印度的经验并且结合我国的具体国情，进一步完善我国的金融体系和法律体系。完善金融体系方面，首先，应该建立一个完善的货币市场和资本市场，发挥货币市场和资本市场在调节资源配置中的基础性作用；其次，应该解决好中小企业融资问题，从而更好地保护好我国中小企业发展；最后，进行制度创新，建立一个有效的金融危机和金融风险的防范与综合治理系统，防范可能出现的各种金融风险，并且可以有效治理金融危机带来的后果。完善法律体系方面，应该进一步完善知识产权法和电子商务法等为重点的民事法，并且注重与国际法律体系接轨，与欧美国家的法律体系保持良好的兼容性。

4. 深化要素价格体系改革

要素价格体系改革实际上是指要素价格形成的市场化改革，即由市场的供需力量共同决定要素价格，政府管制则从中退出。在现行体制下，政府管制的要素价格偏离了供需均衡规律，致使资源不能得到有效配置，并且政府主导的定价方式扭曲了要素价格，降低了效率，也使得以要素投入为主要特征的粗放型经济发展方式的转变较为缓慢。因此必须进行要素价格体系改革，通过要素价格体系改革，建立能够反映资源稀缺性、市场供求状况和环境污染代价的资源价格体系，使企业实际支付的要素价格体系符合我国的要素禀赋结构。

5. 深化利税制度改革

目前我国的银行利率和税率都比较低，这使得企业在生产过程中必然会增加资本投入，从而会产生出粗放型经济发展方式。因此，必须进行利税制度改革。

银行利率改革方面，目前我国银行利率是被管制的，银行利率管制使银行在金融市场的竞争中处于相对不利的地位。20 世纪 80 年代以来，许多发达国家和发展中国家相继放松乃至取消了银行利率管制，以印度为例，印度 1988 年就开始了利率市场化改革进程，逐步取消了银行利率管制。我国应该借鉴印度利率市场化改革的经验，加快银行利率市场化改革，银行利率市场化改革必然会改变我国目前银行利率比较低的局面，使我国银行利率水平能够反映我国资本稀缺程度。

税率改革方面，目前我国宏观税赋水平仍然比较低，根据国税总局公布的数字，我国宏观税赋在 2005 年达到最高水平 15.65%，而 2000 年以后工业化国家的平均宏观税赋水平约为 22%，比我国高出约 7 个百分点。与宏观税赋水平较高的工业化国家相比，我国宏观税赋差距则更大。即使与发展中国家相比，我国宏观税赋也存在一定差距，我国的宏观税赋水平也低于印度、俄罗斯和巴西三国。进入 2001 年以后，发展中国家的宏观税赋水平上升很快，保持在 18.34% -19.33% 之间，2004 年发展中国家的平均宏观税赋达到 19.33%，而同期我国宏观税赋为 15.12%。[①] 因此中国宏观税赋目前仍处世界较低水平，随着我国经济发展、经济效益的改善以及税收征管质量的不断提高，我国宏观税赋水平应该不断提高。

6. 加快配套改革

在进行要素价格体系改革和提高利率的同时，应该进行一些配套改革，第一，考虑到进行要素价格体系改革可能会增加企业的生产成本，因此减轻企业办社会负担，增强企业竞争力；第二，进行要素价格体系改革也可能会损害低收入群体的利益，因此应该对低收入群体进行直接补贴，减轻低收入群体负担。只有在保证要素价格体系改革的影响和成本最小的情况下，要素价格体系改革才能够顺利推进；第三，加快银行体系改革并且建立健全国家信用制度，减轻和消除银行系统呆账、坏账比例和信用市场上的道德风险和逆向选择行为。

---

① 资料来源：人大经济论坛 http://www.pinggu.org/bbs/b29i217329.html。

（四）提高资源利用效率和环境保护水平

我国这几年经济保持高速增长，各项建设都取得了巨大的成就，但是也付出了巨大的资源和环境代价，经济发展与资源环境的矛盾也日趋尖锐。因此，实现我国经济发展方式转变就必须减轻环境污染和减少资源消耗，这是贯彻落实科学发展观，构建社会主义和谐社会的重大举措，也是转变经济发展方式的必由之路。我们认为应该从以下几个方面入手：

1. 大力发展可替代能源，以减轻资源消耗

中国经济高速增长是以资源的大量消耗而实现的，中国能源和资源的使用效率比较低，也是一个不容忽视的事实。中国当前正处在加速工业化和城镇化的阶段，而国际经验表明，这一时期也是资源消耗增长较快的阶段。随着人民生活水平提高和经济总量的扩大，资源需求总量会在较长时期保持较高的水平，这有一定的客观必然性。从国际转移性因素来看，在世界经济全球化和国际产业结构调整的过程中，一些资源高消耗的产业转移到中国，相应加大了中国的资源消耗总量。但是如果不把过高的资源消耗降下来，中国经济虽然一时可以增长很快，但这种高速增长势头是不可持续的。因此减少资源消耗量，走可持续发展之路，是转变发展方式的迫切要求。

在世界上几个重要的发展中国家中，巴西在经济增长过程中环境污染小并且资源消耗也相对较小，巴西是金砖国家中环境污染最轻并且资源消耗也最小的国家，巴西在能源技术开发方面也起步较早，从20世纪70年代起利用甘蔗生产燃料酒精以替代石油，到这个世纪中叶，世界各国都可能因能源、资源等问题出现经济疲软，巴西可能以较高的经济增长速度引领世界经济新潮流。中国应该借鉴巴西的做法，大力发展可替代能源，以减轻资源消耗。具体做法是：第一，要加大政府的支持。巴西生物燃料的成功得益于政府的国家发

展乙醇计划,巴西政府通过补贴、设置配额以及运用价格和行政干预手段鼓励企业使用乙醇燃料,协助企业从国际金融机构获取贷款,同时还加强相关立法来保证乙醇燃料的推广。可以说,政府支持是巴西新能源产业取得成功的一个关键因素。第二,科研成果的普及应用必须有经济可行性。巴西政府在充分考虑到乙醇燃料的经济效益以及经济可行性等方面后才大力发展乙醇燃料产业,我国政府在发展新能源方面也应该考虑到经济效益以及经济可行性等方面。第三,要实现能源多元化战略。巴西的石油储量占世界比例较低,因此巴西大力发展可替代能源,除了开发生物燃料和风能以外,巴西还积极开发核能。我国也应该从本国国情出发大力发展多种能源,以满足我国生产生活需要。

2. 大力发展循环经济,加快推进资源综合利用和清洁生产

巴西在发展循环经济方面的经验值得中国借鉴,巴西自然资源回收利用率却比较高,巴西的资源回收利用率已经接近发达国家的水平,据 2004 年的统计数据显示,巴西纸板的回收率为 79%,纸是 33%,塑料是 16.5%,PET 树脂是 48%,均大大超过了中国的平均水平[①]。巴西循环经济模式的特点是强调政府、企业和社会三方面的参与和合作,通过综合开发利用垃圾创造价值、并且增加就业机会和居民收入,这种做法既保护环境又能促进经济发展,还能帮助解决失业和贫困问题。中国应该借鉴巴西在发展循环经济方面的经验,大力发展循环经济。具体来说,第一,深入开展资源综合利用,提高矿产资源回采率,大力推进低品位矿、尾矿和废石的综合利用;第二,抓好工业用水节能利用,加强对工业用水执行情况的指导和检查,建立重点耗水企业节水情况报告制度;第三,提高废物资源化利用水平,最大限度地实现废物资源回收再利用,合理布局再生资源回收站点,加

① 资料来源:http://news.xinhuanet.com/world/2005-12/04/content_3874777.htm。

强废旧金属、废旧家电和废旧电子产品的回收再利用；第四，全面推行清洁生产，制定和发布重点行业清洁生产标准和评价指标体系，从源头减少废物的产生，实现由末端治理向生产全过程控制转变。

3.加快淘汰落后生产能力，支持节能减排技术研发和推广

第一，建立和完善落后产能的退出机制，落实中央政府对淘汰落后产能的激励措施，充分调动地方政府开展的节能减排积极性，确保节能减排任务的顺利进行；第二，引导企业进行资产整合，按照高效能、低污染和高效益的原则对企业进行技术改造和产业升级；第三，坚决淘汰钢铁、铁合金、电力、铅锌、煤炭、焦炭、黄磷、建材、电石和化肥等行业落后的生产能力；第四，对已列入淘汰关停的企业，有关部门要依法吊销生产许可证并予以公布，同时要终止供水供电；第五，大力支持节能减排关键技术的研发活动，尤其要加大节能减排研发活动方面的投入，把节能减排作为政府科技研发投入的重点之一；第六，加强国际交流与合作，广泛开展节能减排国际技术交流与合作，同有关国际组织建立节能环保合作机制，不断拓宽节能减排国际合作的领域和范围。

4.减少环境污染和资源消耗

我国处于工业化的中期阶段，在发展经济的过程中和其他发展中国家一样，也遇到了“两难选择”。而一些学者引用外国经验认为“国家比较公认的环境库兹涅茨曲线的转折点是人均GNP在4000-5000美元。中国目前人均国民生产总值只有3000多美元，如果这样，我们就走上了“先污染，后保护；先破坏，后治理”的道路。但是既定形式的EKC反映特定时期的经济、政治和技术条件，它不是一成不变的，而是有一个动态变化的过程，随着环保意识的提高和清洁生产技术的发展，完全有可能在比预期更低的收入水平上实现环境质量的改善。所以只要我们加大环保科技的研发和宣传推广应用；

并加快制定相应的环保政策和严格的环境质量标准；对环境保护法律严格执行；合理控制人口增长。相信一定能够缩小两难区间，扩大双赢区间，走一条“增长快、污染少”的新型道路。环境污染与经济增长关系的文献都认为经济增长并不会自动地导致更高的环境质量，环境库兹涅茨曲线只有在环境政策的干预下才可能出现，如果没有环境政策的干预，环境污染水平可能不会随经济的增长而自动下降。

同时，中国经济高速增长是通过资源的大量消耗实现的，中国能源、资源的产出效率比较低，也是一个不容忽视的事实。中国当前正处在工业化和城镇化加速的阶段，而国际经验表明，这一时期是资源消耗增长较快的阶段，这一时期是资源消耗增长的爬坡阶段。随着人民生活水平提高和经济总量的扩大，资源需求总量和消费强度在较长时间保持较高的水平，有一定的客观必然性。从转移性因素来看，在世界经济全球化和国际产业结构调整的过程中，一些资源高消耗的产业转移到中国，相应加大了中国的资源消耗总量。但是不把过高的资源消耗降下来，中国经济虽然一时可以增长很快，但也是不可持续的。因此资源消耗量，走科学发展之路，是转变发展方式的迫切要求。

5. 加强宣传教育，提高全民节约资源和环境保护意识

第一，将节能减排宣传纳入重大主题宣传活动，每年制订节能减排宣传方案；第二，广泛深入持久开展节能减排宣传教育，组织企事业单位、机关、学校、社区等开展经常性的节能环保宣传，广泛开展节能环保科普宣传活动，把节约资源和保护环境观念渗透在各级各类学校的教育教学中；第三，对节能减排先进单位和个人进行表彰奖励，对在节能降耗和污染减排工作中作出突出贡献的单位和个人予以表彰和奖励。组织媒体宣传节能先进典型，揭露和曝光浪费能源资源、严重污染环境的反面典型。

三、本章小结

印度经济发展方式对我国的启示之处是:加强服务业的发展、提高消费支出在总支出的比重、加快民族企业的发展以及完善金融体系和法律体系;印度经济发展方式让我国引以为鉴的地方是:利用对外开放的效果不太理想、由这种经济发展方式带来的失业等问题。中国经济发展方式对印度的启示之处是:物质资本投入比较充足、国家对经济宏观调控比较到位;中国经济发展方式让印度引以为鉴的地方是:中国经济增长内生性因素不足、经济增长中环境污染和资源消耗严重。转变我国经济发展方式的对策措施是:提高技术进步水平、提高技术效率水平、深入制度改革与创新以及提高资源利用效率和环境保护水平。

第十二章　研究结论、局限性及未来研究展望

本书运用索罗余值核算方法（SRA）、随机前沿生产函数分析（SFA）方法和基于 DEA 模型的 Malmquist 指数分解方法对中国和印度经济增长源泉进行分析和比较，对中国和印度投入—产出关系、环境污染和资源消耗、贫富差距、产业结构以及政府竞争力进行分析，并且对中国和印度经济发展方式的特点和经济持续增长的制约因素进行分析，在此基础上得出中国和印度经济发展方式相互借鉴之处以及转变我国经济发展方式的对策措施，最后我们总结出研究结论、研究的不足之处以及未来研究展望等。

一、研究的结论

（一）根据第三章第一节的研究结果，GDP 增长率方面，1978 年以来，尤其是 90 年代以来，中国经济增长率快于印度，在世界主要经济大国中也是最快的；就业人员数量增长率方面，印度的就业人员数量增长速度快于中国；物质资本存量增长率方面，中国的物质资本存量增长率快于印度。

（二）根据第三章第二节的研究结果，基于向量自回归模型的方差分解模型分析表明了，总产出变动在短期内受自身增长惯性影响较大，在长期受就业人员数和物质资本存量影响较大，在长期中国和印度总产出变动可能大部分被就业人员数和物质资本存量所解释。Granger 因果关系检验分析表明了，中国就业人员数和物质资本存量都是总产出变动的 Granger 因果关系原因，但是物质资本存量对总产出的影响具体滞后性。印度就业人员数对经济增长的影响比较大，而物质资本存量对经济增长的影响比较小。这些基本上符合中国和印度经济增长事实。

（三）本书运用了三种经济增长源泉测算方法——索罗增长核算方法（SRA）、随机前沿生产函数分析（SFA）方法和基于 DEA 模型的 Malmquist 指数分解方法。在实证研究过程中也进一步验证了这三种测算方法各自的特点，索罗增长核算方法（SRA）的优点在于可以具体计算出各投入要素和全要素生产率对经济增长的贡献率。但是缺点是不能将全要素生产率进一步分解为技术进步和技术效率等。随机前沿生产函数分析（SFA）方法的优点是，可以将全要素生产率增长率进一步分解为技术进步率和技术效率变化率等（由于本书样本数据等原因，不能做此分解），并且可以得到要素投入的产出弹性。但是缺点是不能具体计算出各投入要素和全要素生产率对经济增长的贡献率，并且只是将全要素生产率增长率进一步分解，而不是将全要素生产率进一步分解。基于 DEA 模型的 Malmquist 指数分解方法的优点是，可以将全要素生产率增长率分解为技术进步和技术效率变化率两部分，进一步将技术效率变化分解为纯效率变化和规模效率变化两个部分。但是缺点是只是将全要素生产率增长率进一步分解，而不是将全要素生产率进一步分解，并且不能具体计算出各投入要素和全要素生产率对经济增长的贡献率。由于这三种经济增长源泉测算方法各有优缺点,没有任何证据能够表明哪一种方法就是最有效的。综合运用三种测算方法并且进行比较分析则可以全面分析一个或者多个经济体经济增长源泉。

(四)运用索罗余值核算方法(SRA)对中国和印度经济增长源泉分解表明,中国物质资本存量对经济增长的贡献率比较高,就业人员数对经济增长的贡献率比较低,全要素生产率对经济增长的贡献率也比较低。印度物质资本存量对经济增长的贡献率比较低,就业人员数对经济增长的贡献率比较高,全要素生产率对经济增长的贡献率比较高。

(五)运用随机前沿生产函数分析(SFA)方法对中国和印度经济增长源泉分解表明,从就业人员数和物质资本两大投入要素的产出弹性来看,就业人员数在中国和印度经济增长中处于主要的地位,物质资本投入则是其次的。基于柯布－道格拉斯生产函数形式的随机前沿模型表明了,中国技术效率水平比较低,并且低于印度水平。

(六)运用基于DEA模型的Malmquist指数分解方法对中国和印度经济增长源泉分解表明,中国和印度1979－2009年全要素生产率水平起伏不定,但是大体上呈现出上升的趋势,并且印度的全要素生产率水平要高于中国;中国和印度1979－2009年技术进步水平水平起伏不定,但是大体上呈现出上升的趋势,并且印度的技术进步水平要高于中国;中国1979－2009年技术效率水平保持不变,印度1979－2009年技术效率水平有些年份是保持不变,有些年份在恶化,大体上,印度1979－2009年技术效率水平要高于中国;中印两国的纯技术效率保持不变,规模技术效率与技术效率变化是一致的。

(七)第五章利用面板数据的分析方法对中国和印度经济增长源泉进行比较后发现:初始就业人员数的多少对中国和印度经济增长不会构成太大的影响,但是增长区间内物质资本存量和就业人员数对中国和印度经济增长影响非常大,并且是正向影响,政府支出规模与中国和印度经济增长之间的关系不确定,对外开放程度与中国、俄罗斯和巴西经济增长之间呈现出显著的正相关关系,对外开放程度与印度经济增长之间关系也不确定,也就是说印度对外开放效果不是很理想。

(八)根据第四章和第六章的研究结果,中国物质资本存量对经济增长的贡献比较大,就业人员和全要素生产率对经济增长的贡献相对比较小,并且在经济增长过程中环境污染比较严重,资源消耗比较大。所以中国粗放型经济发展方式特征比较明显。印度全要素生产率对经济增长的贡献相对比较大,物质资本存量对经济增长的贡献比较小,全要素生产率水平比较高,全要素生产率增长速度比较快,不过印度的环境污染和资源消耗也比较严重,因此印度经济发展方式偏于集约型。

(九)随着中印两国经济的高速增长,中印两国贫富差距也在逐渐扩大,但是,中国贫富差距要远大于印度;中国产生贫富差距的基本原因是“效率优先、兼顾公平”政策的实施、税收制度和社会保障制度不完善、垄断行业收入过高以及“体制内”平均主义与“体制外”收入差距过大并存等;印度产生贫富差距的基本原因是政府政策因素、宗教和种姓制度、财税体制因素以及产业差异因素等;中国缩小贫富差距的基本对策是提高低收入人群的收入水平并且降低垄断收入、完善财税和社会保障制度、加强法制建设以及继续实施“两大战略”等;印度缩小贫富差距的基本对策是促进经济发展政策、着力解决种姓制度压迫、实施财政改革以及巩固农业基础等。

(十)随着中国和印度经济的快速增长,中国和印度产业产值结构和产业就业结构也进行了较大调整。总体上说,在整个中国产业结构中,第二产业所占比重最大,第一产业所占比重最小,三次产业呈现出二、三、一的顺序。总体上说，在整个印度产业结构中，第三产业所占比重最大，第一产业所占比重最小，三次产业呈现出三、二、一的顺序。并且三次产业对中国和印度 GDP 增长的拉动率与三次产业增加值占中国和印度 GDP 的比重的比较结果大体上是一致的，说明随着产业结构的不断调整，中国和印度三次产业在国民经济增长中发挥的作用是不一样的。中国和印度产业结构与就业结构脱节现象比较明显，中国和印度第一产业呈现出明显的“低产出、高就业”的特征。第二产业呈现出明显的“高产出、高就业”的特征，尤其是中国，这种特征更为明显。第三产业也呈现出明显的“高产出、低就业”的特征，尤其是印度，这种特征更为明显。

（十一）中国和印度政府在制度环境、公共产品供给、中印政府对经济的干预方式与政府执行力比较以及政府对中小企业的支持政策等方面各有所长，各有所短，因此，中国和印度政府竞争力各有所长，各有所短，现在还很难判断究竟是哪个国家的政府竞争力更强一些。中印两国政府在各自政府竞争力特点的基础上，尽量扫除一切阻碍政府竞争力的壁垒，为进一步提高政府竞争力创造良好的环境。这样，中国和印度都有机会使企业和国家经济实现繁荣发展。

（十二）中国经济发展方式的特点是：物质资本投入对经济增长的贡献比较高、利用科技进步效率和生产经营效率低下、环境污染严重并且资源消耗严重、居民收入分配两极分化现象比较严重、产业产值结构和就业结构不尽合理以及政府对经济的干预程度较高但是法律体系和私人产权保护不完善；印度经济发展方式的特点是：物质资本存量对经济增长的贡献率较低、全要素生产率对经济增长的贡献率比较高、对外开放对经济增长的推动作用不大、环境污染严重并且资源消耗严重、产业就业结构不尽合理以及政府对经济的干预程度较低并且法律体系和私人产权保护比较完善。中国经济持续增长的制约因素是：经济体制因素、制造业发展过快而服务业发展相对滞后、储蓄率比较高并且吸引外商投资相对较高、国有企业效率低下以及金融系统不完善以及企业技术创新不足；印度经济持续增长的制约因素是：储蓄率比较低并且吸引外商投资相对较少、印度人口数量庞大并且人口素质相对较低、基础设施薄弱并且能源短缺以及民族矛盾、宗教矛盾和种族姓氏制度。

（十三）印度经济发展方式对我国的启示之处是：加强服务业的发展、提高消费支出在总支出的比重、加快民族企业的发展以及完善金融体系和法律体系；印度经济发展方式对我国引以为鉴的地方是：利用对外开放的效果不太理想、由这种经济发展方式带来的失业等问题。中国经济发展方式对印度的启示之处是：物质资本投入比较充足、国家对经济宏观调控比较到位；中国经济发展方式对印度引以为鉴的地方是：中国经济增长内生性因素不足、经济增长中环境污染和资源消耗严重。转变我国经济发展方式的对策措施是：提高技术进步水平、提高技术效率水平、深入制度改革与创新以及提高资源利用效率和环境保护水平。

二、研究局限性

本书运用索罗余值核算方法（SRA）、随机前沿生产函数分析（SFA）方法和基于 DEA 模型的 Malmquist 指数分解方法对中国和印度经济增长源泉进行分解，在一定程度上弥补了国内在这方面的研究空白。但是由于 SRA、SFA 和 DEA 研究方法的限制，本书对中国和印度经济增长源泉分解效果还存在着一些局限性。本书利用 SRA 和 SFA 研究方法对中国和印度经济增长源泉分解时不能将中国和印度全要素生产率进一步分解为技术进步和技术效率等，这样就不能进一步分析中国和印度经济增长到底是由技术进步带来的还是由技术效率带来的。利用DEA方法可以将中国和印度全要素生产率水平进一步分解为技术进步水平和技术效率水平。但是却不能具体计算出各投入要素和全要素生产率对经济增长的贡献率，并且利用DEA方法分别只能将中国和印度全要素生产率增长率和全要素生产率水平进行分解，而不是将全要素生产率进行分解。

三、未来研究展望

（一）本书对中国和印度经济增长源泉分解效果还存在着一些局限性。因此随着计量软件的进一步发展，有望开发出能够克服以上缺陷的更加先进的计量软件，从而可以对中国和印度经济增长源泉进行更加细致分解。作者也在今后的科研中更加关注此方面的研究，以更好的解决此方面的问题。

（二）本书研究对象是中国和印度经济发展方式，从更广义角度讲，经济发展还涉及教育发展水平、科技发展水平、对外开放战略以及国内外收支平衡问题等，因此，中国和印度经济发展也受这些因素影响和制约。因为这些问题研究范畴比较广泛，本书难以对如此庞杂的内容都一一研究，这些都是作者以后进一步研究的方向。

附　录

附表 1　　**中国和印度人口数据**　　**（单位：万人）**

年份	中国	印度	年份	中国	印度
1978	95883.52	65804.03	1994	120343.46	90357.95
1979	97213.69	67125.91	1995	121578.79	92058.58
1980	98473.65	68488.77	1996	122776.77	93772.57
1981	99700.07	69915.38	1997	123945.98	95492.63
1982	101249.12	71371.09	1998	125036.69	97211.32
1983	102835.72	72852.16	1999	126010.76	98925.54
1984	104275.64	74401.7	2000	126363.80	100630.12
1985	105800.82	75961.22	2001	127074.41	102329.53
1986	107452.35	77506.32	2002	127759.51	104028.58
1987	109372.66	79064.04	2003	128430.33	105725.16
1988	111286.67	80637.94	2004	129100.23	107415.97
1989	113072.95	82221.88	2005	129776.52	109097.31
1990	114836.45	83815.88	2006	130426.22	110762.46
1991	116360.79	85372.48	2007	131058.47	112413.54
1992	117748.24	87011.36	2008	131706.67	114056.62
1993	119057.15	88674.44	2009	132359.23	115689.82

数据来源：Heston, Summers 和 Aten 的 PWT7.0 数据库，数据经过整理后得出，网址为：http://pwt.econ.upenn.edu/php_site/pwt70/pwt70_form.php，附表 2 – 附表 9 数据来源与此相同。

附表 2　　中国和印度总产出数据　　（单位:亿美元）

年份	中国	印度	年份	中国	印度
1978	5.27E+03	6.80E+03	1994	2.35E+04	1.32E+04
1979	5.79E+03	6.64E+03	1995	2.59E+04	1.44E+04
1980	6.29E+03	6.97E+03	1996	2.83E+04	1.50E+04
1981	6.73E+03	7.43E+03	1997	2.95E+04	1.56E+04
1982	7.52E+03	7.66E+03	1998	3.16E+04	1.64E+04
1983	8.22E+03	7.92E+03	1999	3.41E+04	1.83E+04
1984	9.27E+03	8.40E+03	2000	3.65E+04	1.87E+04
1985	1.04E+04	8.92E+03	2001	3.96E+04	1.96E+04
1986	1.12E+04	9.26E+03	2002	4.35E+04	2.06E+04
1987	1.23E+04	9.79E+03	2003	4.85E+04	2.18E+04
1988	1.33E+04	1.06E+04	2004	5.41E+04	2.42E+04
1989	1.36E+04	1.11E+04	2005	6.15E+04	2.79E+04
1990	1.45E+04	1.18E+04	2006	6.85E+04	3.06E+04
1991	1.57E+04	1.17E+04	2007	7.72E+04	3.37E+04
1992	1.76E+04	1.22E+04	2008	8.45E+04	3.51E+04
1993	2.11E+04	1.25E+04	2009	9.28E+04	3.75E+04

附表 3　　中国和印度就业人员数据　　（单位:万人）

年份	中国	印度	年份	中国	印度
1978	4.86E+04	2.42E+04	1994	6.86E+04	3.42E+04
1979	4.95E+04	2.47E+04	1995	6.94E+04	3.48E+04
1980	5.05E+04	2.52E+04	1996	7.01E+04	3.55E+04
1981	5.18E+04	2.57E+04	1997	7.09E+04	3.61E+04
1982	5.33E+04	2.63E+04	1998	7.16E+04	3.69E+04

续表

年份	中国	印度	年份	中国	印度
1983	5.49E+04	2.69E+04	1999	7.23E+04	3.75E+04
1984	5.65E+04	2.75E+04	2000	7.27E+04	3.82E+04
1985	5.80E+04	2.81E+04	2001	7.33E+04	3.90E+04
1986	5.95E+04	2.87E+04	2002	7.40E+04	3.97E+04
1987	6.10E+04	2.93E+04	2003	7.46E+04	4.05E+04
1988	6.25E+04	3.00E+04	2004	7.52E+04	4.13E+04
1989	6.38E+04	3.07E+04	2005	7.57E+04	4.22E+04
1990	6.51E+04	3.14E+04	2006	7.63E+04	4.31E+04
1991	6.62E+04	3.20E+04	2007	7.67E+04	4.41E+04
1992	6.70E+04	3.27E+04	2008	7.72E+04	4.50E+04
1993	6.78E+04	3.34E+04	2009	7.77E+04	4.60E+04

附表4　　中国和印度物质资本投资数据　　（单位：亿美元）

年份	中国	印度	年份	中国	印度
1978	1.93E+03	1.37E+03	1994	9.63E+03	2.94E+03
1979	2.00E+03	1.32E+03	1995	1.11E+04	3.59E+03
1980	2.12E+03	1.28E+03	1996	1.20E+04	3.20E+03
1981	2.10E+03	1.54E+03	1997	1.18E+04	3.56E+03
1982	2.28E+03	1.49E+03	1998	1.24E+04	3.69E+03
1983	2.57E+03	1.48E+03	1999	1.36E+04	4.40E+03
1984	2.98E+03	1.50E+03	2000	1.41E+04	4.19E+03
1985	3.83E+03	1.79E+03	2001	1.57E+04	4.28E+03
1986	4.07E+03	1.81E+03	2002	1.77E+04	4.74E+03
1987	4.35E+03	1.88E+03	2003	2.07E+04	5.40E+03
1988	4.93E+03	2.23E+03	2004	2.35E+04	6.38E+03
1989	5.01E+03	2.28E+03	2005	2.61E+04	8.34E+03
1990	5.02E+03	2.56E+03	2006	2.92E+04	9.71E+03
1991	5.34E+03	2.28E+03	2007	3.27E+04	1.11E+04

续表

年份	中国	印度	年份	中国	印度
1992	6.05E+03	2.56E+03	2008	3.62E+04	1.10E+04
1993	8.43E+03	2.45E+03	2009	4.33E+04	1.17E+04

附表5　　中国和印度物质资本存量数据

年份	中国	印度	年份	中国	印度
1978	2.37E+04	2.18E+04	1994	5.12E+04	2.36E+04
1979	2.33E+04	2.12E+04	1995	5.77E+04	2.50E+04
1980	2.33E+04	2.05E+04	1996	6.45E+04	2.60E+04
1981	2.33E+04	2.02E+04	1997	7.05E+04	2.72E+04
1982	2.35E+04	1.99E+04	1998	7.65E+04	2.84E+04
1983	2.40E+04	1.96E+04	1999	8.32E+04	3.03E+04
1984	2.48E+04	1.93E+04	2000	8.98E+04	3.17E+04
1985	2.64E+04	1.94E+04	2001	9.75E+04	3.32E+04
1986	2.81E+04	1.94E+04	2002	1.06E+05	3.49E+04
1987	2.99E+04	1.96E+04	2003	1.18E+05	3.72E+04
1988	3.21E+04	2.00E+04	2004	1.30E+05	4.02E+04
1989	3.43E+04	2.05E+04	2005	1.45E+05	4.49E+04
1990	3.62E+04	2.12E+04	2006	1.61E+05	5.06E+04
1991	3.83E+04	2.16E+04	2007	1.79E+05	5.71E+04
1992	4.09E+04	2.22E+04	2008	1.99E+05	6.30E+04
1993	4.56E+04	2.27E+04	2009	2.25E+05	6.90E+04

附表6　　物质资本投资－GDP比重

年份	中国	印度	年份	中国	印度
1978	3.66E-01	2.02E-01	1994	4.10E-01	2.23E-01
1979	3.45E-01	1.99E-01	1995	4.29E-01	2.49E-01
1980	3.37E-01	1.84E-01	1996	4.24E-01	2.13E-01
1981	3.12E-01	2.07E-01	1997	4.00E-01	2.29E-01

续表

年份	中国	印度	年份	中国	印度
1982	3.03E-01	1.95E-01	1998	3.92E-01	2.25E-01
1983	3.13E-01	1.87E-01	1999	3.98E-01	2.41E-01
1984	3.22E-01	1.78E-01	2000	3.87E-01	2.24E-01
1985	3.68E-01	2.01E-01	2001	3.96E-01	2.18E-01
1986	3.63E-01	1.95E-01	2002	4.06E-01	2.30E-01
1987	3.53E-01	1.92E-01	2003	4.27E-01	2.48E-01
1988	3.70E-01	2.10E-01	2004	4.35E-01	2.64E-01
1989	3.68E-01	2.05E-01	2005	4.25E-01	2.99E-01
1990	3.47E-01	2.17E-01	2006	4.26E-01	3.18E-01
1991	3.40E-01	1.95E-01	2007	4.24E-01	3.29E-01
1992	3.44E-01	2.10E-01	2008	4.28E-01	3.13E-01
1993	3.99E-01	1.97E-01	2009	4.67E-01	3.12E-01

附表 7　物质资本存量－GDP 比重

年份	中国	印度	年份	中国	印度
1978	4.49E+00	3.21E+00	1994	2.16E+00	1.82E+00
1979	4.02E+00	3.19E+00	1995	2.18E+00	1.79E+00
1980	3.70E+00	2.94E+00	1996	2.23E+00	1.73E+00
1981	3.46E+00	2.72E+00	1997	2.28E+00	1.73E+00
1982	3.13E+00	2.60E+00	1998	2.39E+00	1.75E+00
1983	2.92E+00	2.48E+00	1999	2.42E+00	1.73E+00
1984	2.68E+00	2.30E+00	2000	2.44E+00	1.66E+00
1985	2.53E+00	2.17E+00	2001	2.46E+00	1.69E+00
1986	2.51E+00	2.09E+00	2002	2.46E+00	1.69E+00
1987	2.43E+00	2.00E+00	2003	2.43E+00	1.69E+00
1988	2.41E+00	1.89E+00	2004	2.43E+00	1.71E+00
1989	2.52E+00	1.84E+00	2005	2.40E+00	1.66E+00
1990	2.50E+00	1.80E+00	2006	2.36E+00	1.61E+00

续表

年份	中国	印度	年份	中国	印度
1991	2.44E+00	1.84E+00	2007	2.35E+00	1.65E+00
1992	2.32E+00	1.82E+00	2008	2.32E+00	1.69E+00
1993	4.49E+00	3.21E+00	2009	2.36E+00	1.79E+00

附表 8　中国和印度政府支出占 GDP 的比重数据　（单位:%）

年份	中国	印度	年份	中国	印度
1978	25.81	27.97	1994	29.07	33.42
1979	29.79	29.8	1995	27.51	33.31
1980	29.08	29.28	1996	27.73	32.98
1981	28.59	29.04	1997	27.62	34.99
1982	27.87	30.6	1998	27.71	36.81
1983	28.12	30.7	1999	28.58	37.43
1984	29.87	31.07	2000	29.87	36.3
1985	31.03	32.57	2001	30.05	35.74
1986	30.07	34.03	2002	29.52	34.71
1987	28.64	34.77	2003	28.23	36.19
1988	27.86	34.25	2004	27.98	35.19
1989	28.18	34.39	2005	29.52	36.20
1990	27.07	33.83	2006	28.66	37.21
1991	29.75	33.57	2007	29.66	38.02
1992	30.28	33.52	2008	2810	36.52
1993	30.39	34.37	2009	28.40	37.23

附表 9　中国和印度对外开放程度数据

年份	中国	印度	年份	中国	印度
1978	28.76	13.21	1994	32.68	24.56
1979	33.03	15.59	1995	31.81	29.09
1980	31.9	16.29	1996	29.11	28.23

续表

年份	中国	印度	年份	中国	印度
1981	33.91	16.05	1997	32.61	28.99
1982	29.47	16.3	1998	31.96	32.51
1983	28.06	17.6	1999	35.17	32.4
1984	29.99	15.63	2000	41.97	34.66
1985	32.59	15.43	2001	42.57	34.51
1986	30.04	16.69	2002	49.76	37.92
1987	27.17	16.39	2003	56.21	40.11
1988	28.85	16.43	2004	63.27	43.1
1989	28.96	16.63	2005	65.68	39.64
1990	25.73	16.73	2006	69.23	44.08
1991	27.3	17.57	2007	70.07	43.02
1992	29.25	19.16	2008	68.76	50.14
1993	31	21.9	2009	58.58	43.91

注:印度、俄罗斯和巴西2004年数据为内插。

附表10　中国和印度进出口总额占GDP的比重数据　单位:(%)

年份	中国	印度	年份	中国	印度
1978	18.42	14.48	1994	53.63	20.34
1979	29.35	13.81	1995	51.17	24.3
1980	44.86	13.93	1996	33.73	23.39
1981	44.43	13.82	1997	35.45	23.64
1982	37.55	13.84	1998	34.37	25.95
1983	37.24	14.71	1999	37.74	26.04
1984	42.83	13.15	2000	43.9	28.67
1985	48.14	12.84	2001	43.31	28.89
1986	39.97	13.62	2002	48.58	31.28
1987	36.77	13.38	2003	56.83	28.19
1988	40.45	13.57	2004	54.38	30.28

续表

年份	中国	印度	年份	中国	印度
1989	43.67	13.75	2005	59.23	35.65
1990	39.68	14	2006	60.42	45.45
1991	46.18	14.64	2007	62.32	44.21
1992	49.61	15.95	2008	63.45	48.45
1993	53.44	17.91	2009	65.88	49.88

数据来源于世界银行网站:http://www.worldbank.org.cn。

参考文献目录

书 目

[1] [美]罗伯特·M. 索罗(Robert M. Solow):《经济增长理论:一种解析》(第二版)李奇译校,《中国财政经济出版社 2004 年版。

[2] [美]查尔斯·I. 琼斯(Charles I. Jones):《经济增长导论》,舒元等译校,北京大学出版社 2005 年版。

[3] [美]戴维·罗默(David Romer)《高级宏观经济学》,苏剑、罗涛译,商务印书馆 2004 年版。

[4] [美]菲利普·阿吉翁(Philippe)、彼得·霍依特(Aghion):《内生增长理论》,陶然等译校,北京大学出版社 2005 年版。

[5] [美]巴罗(Robert J. Barro)、萨拉伊马丁(Xavier Salai - Martin):《经济增长》,何晖、刘明兴译,中国社会科学出版社 2000 年版。

[6] [美]迈克尔·P. 托达罗:《经济发展与第三世界》,印金强、赵荣美译,中国经济出版社 1992 年版。

[7] [美]保罗·克鲁格曼、茅瑞斯·奥伯斯法尔德:《国际经

济学》,海闻等译,中国人民大学出版社 2003 年版。

[8] 曹和平:《中国农户储蓄行为》(中文版),北京大学出版社 2002 年版。

[9] 叶飞文:《要素投入与中国经济增长》,北京大学出版社 2004 年版。

[10] 沈红芳:《东亚经济发展模式比较研究》,厦门大学出版社 2002 年版。

[11] 田丰伦:《东亚经济发展模式研究》,重庆出版社 2005 年版。

[12] 仉建涛、刘玉珂:《经济增长模式比较》,经济科学出版社 1999 年版。

[13] 杨晓明:《SPSS 在教育统计中的应用》,高等教育出版社 2004 年版。

[14] 潘省初、周凌瑶编著:《计量经济分析软件》(EViews、SAS 简明上机指南),中国人民大学出版社 2005 年版。

[15] 张晓峒主编:《计量经济学软件 EViews 使用指南》(第二版),南开大学出版社 2004 年版。

[16] 张晓峒:《EViews 使用指南与案例》,机械工业出版社 2008 年版。

[17] 高铁梅主编:《计量经济分析方法与建模:EViews 应用及实例》,清华大学出版社 2006 年版。

[18] 王劲松:《开放经济条件下的新经济增长理论 – 跨国经济增长差异、跨国技术扩散与开放政策研究》,人民出版社 2008 年版。

[19] 王金营:《人力资本与经济增长理论与实证》,中国财政经济出版社 2001 年版。

[20] 谭永生:《人力资本与经济增长—基于中国数据的实证研究》,中国财政经济出版社 2007 年版。

[21] 左大培、杨春学等:《经济增长理论模型的内生化进程》,中国经济出版社 2007 年版。

[22] 谭崇台:《发展经济学》,山西经济出版社 2000 年版。

[23] 朱勇:《新增长理论》,商务印书馆 1999 年版。

[24] 钟茂初:《可持续发展经济学》,经济科学出版社 2006 年版。

[25] 陈建著:《政府与市场 - 美、英、法、德、日市场经济模式》,研究经济管理出版社, 1995 年版。

[26] 李子奈、潘文卿编著:《计量经济学》(第二版),高等教育出版社 2005 年版。

[27] 马莉莉:《转轨之路:俄罗斯经济模式演变研究》,陕西人民出版社 2005 年版。

[28] 田保国、赵宏图、董泉增:《转轨中的俄罗斯经济》,中国言实出版社 1997 年版。

[29] 张森著:《俄罗斯经济转轨与中国经济改革》,当代世界出版社 2003 年版。

[30] 文富德:《印度经济:发展、改革与前景》,巴蜀书礼出版社 2003 年版。

[31] 殷永林:《独立以来的印度经济》,云南大学出版社 2001 年版。

[32]孙培均:《转型中的印度经济》,鹭江出版社 1996 年版。

[33]吕银春:《经济发展与社会公正:巴西实例研究》,世界知识出版社 2003 年版。

[34]董英辅:《中国经济增长与增长方式转变》,改革出版社

1998 年版。

[35]方恭温、文魁著:《中国经济增长方式的转变》,陕西人民出版社 1997 年版。

[36]舒元:《中国经济增长分析》,复旦大学出版社 1993 年版。

[37]王庆功、杜传忠:《走向 21 世纪:中国经济增长方式转变》,天津人民出版社 1996 年版。

文章

[1] 林毅夫、苏剑:《论我国经济增长方式的转换》,《管理世界》2007 年第 11 期。

[2] 林毅夫、任若恩:《东亚经济增长模式相关争论的再探讨》,《经济研究》2007 年第 8 期。

[3] 中国经济增长与宏观经济稳定课题组:《中国可持续增长的机制:证据、理论和政策》,《经济研究》2008 年第 10 期。

[4] 赖明勇等:《经济增长的源泉:人力资本、研究开发与技术外溢》,中国社会科学 2005 年第 2 期。

[5] 胡怀国:《内生增长理论的产生发展与争论》,宁夏社会科学 2003 年第 3 期。

[6] 王小鲁、樊纲、刘鹏:《中国经济增长方式转换和增长可持续性》,《经济研究》2009 年第 1 期。

[7] 王志刚、龚六堂、陈玉宇:《地区间生产效率与全要素生产率增长率分解》(1978－2003),《中国社会科学》2006 年第 2 期。

[8] 朱勇、吴易凤:《技术进步与经济的内生增长—新增长理论发展评述》,中国社会科学 1999 年第 1 期。

[9] 庄子银:《新增长理论的兴起和发展》,山东社会科学 2002 年第 2 期。

［10］徐迎春:《中国人力资本与经济增长关系的实证研究》,《山东行政学院山东省经济管理干部学院学报》2005年5月。

［11］吕冰洋、于永达:《要素积累、效率提高还是技术进步?—经济增长的动力分析》,《经济科学》2008年第1期。

［12］杨文武:《20世纪90年代以来印度经济发展模式的特性分析》,《南亚研究季刊》2007年第4期。

［13］谢代刚、李文贵:《论印度经济发展模式的演绎进程》,《南亚研究季刊》2007年第2期。

［14］郑京海、胡鞍钢:《中国改革时期省际生产率增长变化的实证分析》(1979-2001),《经济学季刊》2005年1月。

［15］杨文武、钟鹏:《两部门经济假设下的印度经济增长模式探析》,《南亚研究季刊》2008年第2期。

［16］张军扩:《"七五"期间经济效益的综合分析—各要素对经济增长贡献率测算》,《经济研究》1991年第4期。

［17］傅晓霞、吴利学:《技术效率、资本深化与地区差异—基于随机前沿模型的中国地区收敛分析》,《经济研究》2006年第10期。

［18］傅晓霞、吴利学:《前沿分析方法在中国经济增长核算中的适用性》,《世界经济》2007年第7期。

［19］何枫、陈荣、何炼成:《SFA模型及其在我国技术效率测算中的应用》,《系统工程理论与实践》2004年第5期。

［20］郭志仪、逯进:《教育、人力资本积累与外溢对西北地区经济增长影响的实证分析》,《中国人口科学》2006年第2期。

［21］姚先国、张海峰:《教育、人力资本与地区经济差异》,《经济研究》2008年第5期。

［22］杨文举:《技术效率、技术进步、资本深化与经济增长:基

于 DEA 的经验分析》,《世界经济》2006 年第 5 期。

[23] 李谷成、冯中朝和范丽霞,《农户家庭经营技术效率与全要素生产率增长分解(1999 ~ 2003) - 基于随机前沿生产函数与来自湖北省农户的微观证据》,《数量经济技术经济研究》,2007 年第 8 期.

[24] 陈旭:《技术进步—技术效率与生产率增长——基于 Malmquist 指数的实证分析》,《全国商情》(经济理论研究)2008 年第 12 期。

[25] 蔡昉、都阳:《中国地区经济增长的趋同与差异——对西部开发战略的启示》,《经济研究》2000 年第 10 期。

[26] 任佳:《印度发展模式及对中国的启示》,《财贸经济》2006 年第 6 期。

[27] 张勇、王玺、古明明:《中印发展潜力的比较分析》,《经济研究》2009 年第 5 期。

[28] 李飞、孙东升:《巴西的农业支持政策及对中国的借鉴》,《中国农机化》2007 年第 5 期。

[29] 刘申有:《俄罗斯经济改革失败的教训及其对中国的启示》,《世界经济与政治》2001 年第 4 期。

[30] 陈继东、陈家泽:《中国与印度经济发展模式及其转型之比较》,《南亚研究季刊》2005 年第 2 期。

[31] 伊倩:《中国模式与印度模式之比较》,《理论与现代化》2006 年第 4 期。

[32] 郭连成:《资源依赖型经济与俄罗斯经济的增长和发展》,《国外社会科学》,2005 年第 6 期。

[33] 华民:《中印经济发展模式的比较:相似的原理与不同的方法》,《复旦学报》(社会科学版)2006 年第 6 期。

[34] 胡键:《俄罗斯经济增长的动力分析》,《东北亚论坛》2006 年第 5 期。

[35] 胡仁霞:《俄罗斯经济增长方式的转变及其体制分析》,《俄罗斯中亚东欧研究》,2004 年第 2 期。

[36] 王海燕、杨芳廷、刘鲁:《标准化系数与偏相关系数的比较与应用》,《数量经济技术经济研究》2006 年第 9 期。

[37] 李天华、李良明:《印度经济改革及其对我国的借鉴意义》,《安庆师范学院学报》(社会科学版)2006 年 7 月。

[38] 张建君:《中俄转型模式:绩效比较及发展趋势》,《首都师范大学学报》(社会科学版)2008 年第 3 期。

[39] 曲文铁:《俄罗斯经济增长模式探析——兼与中国比较》,《俄罗斯中亚东欧研究》2006 年第 3 期。

[40] 戴羿:《试析巴西、中国经济发展模式》,《当代财经》1990 年第 4 期。

[41] 陈广汉:《巴西与东亚的经济增长和收入分配模式比较》,《中山大学学报》(社会科学版)1992 年第 4 期。

[42] 戴羿:《南朝鲜、台湾与墨西哥、巴西经济发展模式比较》,《经济社会体制比较》1989 年第 4 期。

[43] 李洁:《中国、巴西、印度三国利用外资政策和绩效比较》,《世界经济与政治论坛》2005 年第 6 期。

[44] 孔庆赟:《印度改革路径的选择及其启示》,《湖北教育学院学报》2007 年 5 月。

[45] 王学人:《中国与印度经济改革之比较》,《天府新论》2008 年第 5 期。

[46] 马丁 · 沃尔夫:《中国和印度不同的发展道路》,李白译,《国外社会科学文摘》2005 年第 5 期。

[47] 李大薇:《印度发展模式研究》,《四川经济管理学院学报》2008 年第 2 期。

[48][俄]安德烈·奥斯特洛夫斯基,钟华译:《中俄经济改革之比较分析》(上),《学习与实践》2004 年第 5 期。

[49][俄]安德烈·奥斯特洛夫斯基,钟华译:《中俄经济改革之比较分析》(下),《学习与实践》2004 年第 6 期。

[50][俄]安德烈·奥斯特洛夫斯基,罗燕明译:《中俄经济改革比较》,《当代世界与社会主义》2004 年第 3 期。

[51][美]安德烈·奥斯特洛夫斯基,罗燕明译:《怎样比较中俄经济改革》,《当代中国史研究》2004 年第 4 期。

[52][美]迈克·因崔里吉特,冯晓明译:《中俄经济改革之比较》,《国际经济评论》1997 年 7-8 月。

[53][美]玛·罗哈:《巴西:新自由主义发展路径与新依附经济》,《国外理论动态》2003 年第 3 期。

[54][巴西]卢西亚诺·科蒂纽:《克服"华盛顿共识"造成的危机——韩国和巴西经济发展的经验与教训》,《国际社会科学杂志》(中文版)2001 年第 4 期。

[55] 李毅:《资本积累,还是技术消化?——评两种经济学流派对东亚经济奇迹的再认识》,《厦门大学学报》(哲学社会科学版)2003 年第 4 期。

[56] 韩彩珍:《中国利用外资过度了吗?》,《中国外资》2006 年第 6 期。

[57] 郑玉歆:《全要素生产率的测度及经济增长方式的"阶段性"规律——由东亚经济增长方式的争论谈起》,《经济研究》1999 年第 5 期。

[58] 郑玉歆:《全要素生产率的测算及其增长的规律——由

东亚增长模式的争论谈起》,《数量经济技术经济研究》1998 年第 10 期。

[59] 易纲、樊纲、李岩:《关于中国经济增长与全要素生产率的理论思考》,《经济研究》2003 年第 8 期。

[60] 王兵、颜鹏飞:《技术效率、技术进步与东亚经济增长——基于 APEC 视角的实证分析》,《经济研究》2007 年第 5 期。

[61] 颜鹏飞、王兵:《技术效率、技术进步与生产率增长:基于 DEA 的实证分析》,《经济研究》2004 年第 12 期。

[62] 曹光辉、汪锋、张宗益、邹畅:《我国经济增长与环境污染关系研究》,《中国人口资源与环境》2006 年第 1 期。

[63] 贺彩霞、冉茂盛:《环境污染与经济增长——基于省际面板数据的区域差异研究》,《中国人口资源与环境》2009 年第 2 期。

[64] 李江帆、朱胜勇:《"金砖四国"生产性服务业的水平、结构与影响——基于投入产出法的国际比较研究》,《上海经济研究》2008 年第 9 期。

[65] 程大中:《中国生产者服务业的增长、结构变化及其影响——基于投入产出法的分析》,《财贸经济》2006 年第 10 期。

[66] 程大中:《中国生产性服务业的水平、结构及影响——基于投入产出法的国际比较研究》,《经济研究》2008 年第 1 期。

[67] George J. Gilboy, 钟宁桦:《度量中国经济:购买力平价的适当应用》,《经济研究》2010 年第 1 期。

[68] 朱晓青:《中国金融体制的改革与完善》,《北京行政学院学报》1999 年第 3 期。

[69] 侯风云:《中国人力资本投资与经济增长相关性研究》,《产业经济与规制理论及政策国际学术研讨会论文集》,山东大学经济学院主办,2004 年 10 月 30 日。

[70] 李鼎新:《经济增长与发展中的技术进步》(博士论文),西北大学,2001年4月。

[71] 张海洋:《外资技术扩散与中国经济增长》,(博士论文),华中科技大学,2004年5月。

[72] 熊俊:《要素投入、全要素生产率与中国经济增长的动力》,(博士论文),四川大学,2006年9月。

[73] 沈汉溪:《中国经济增长源泉分解——基于Solow增长核算、SFA和DEA的比较分析》(博士论文),浙江大学,2007年12月。

[74] 朱晓青:《中国金融体制的改革与完善》,《北京行政学院学报》1999年第3期。

[75] 谢代刚:《论印度外资政策的演变》,《南亚研究季刊》2008年第4期。

[76] 权衡:《"世界加工厂"与"世界办公室"——中印经济增长模式之比较》,《科学决策月刊》2006年第12期。

[77] 李中、李军:《中国和印度的贫富差距比较分析》,《西南政法大学学报》2004年第3期。

[78] 王莹、王志立:《中印两国贫富差距比较研究》,《经济经纬》2005年第6期。

[79] 龚松柏:《中印经济转型与发展模式比较》(硕士论文),西南财经大学,2009年。

[80] 杜月:《印度改造贫富差距的启示》,《中国经济周刊》2008年第32期。

[81] 沈伟:《中印财政分权的经济增长效应研究》,(博士论文),华中科技大学,2008年。

[82] 陈琳:《中印经济发展绩效的比较研究——基于全要素

生产率》,(博士论文),上海社会科学院,2008 年。

[83] 杨秀齐:《中印产业结构变动实证分析》,《南亚研究季期》1998 年第 1 期。

[84] 张鹏辉:《中印产业结构演变差异的原因初探》,《福建论坛》(人文社会科学版)2010 年专刊。

[85] 华民:《中印经济发展模式的比较——相似的原理与不同的方法》,《复旦学报》(社会科学版)2006 年第 6 期。

[86] 龚松柏:《中印经济转型中的所有制改革比较》,《南亚研究季刊》2009 年第 4 期。

[87] 魏作磊:《中国与印度服务业发展比较》,《统计研究》2007 年第 3 期。

[88] 徐永利:《“金砖四国”产业结构比较研究》,河北大学,2010 年。

[89] 黄亚生、韩泰云:《印度能否赶超中国》,《开放时代》2004 年第 1 期。

[90] 聂莉:《中国和印度——全球化分工下的国际竞争力比较》,《南方经济》2005 年第 1 期。

[91] 张红伟、陈伟国:《中印经济改革成功与缺失的制度逻辑》,《南亚研究季刊》2001 年第 1 期。

[92] 郭宇锋、薛嵛兰:《中印企业经济发展比较》,《山西高等学校社会科学学报》2006 年第 4 期。

[93] 杨怡爽:《制度视角的中印经济增长比较》,(博士论文),中国社会科学院研究生院,2001 年 4 月。

[94] 张翠翠:《中印中小企业政策支持体系比较研究》,(博士论文),天津财经大学,2009 年 5 月。

[95] 郑娟:《中印政府竞争力比较探析》,《重庆行政》2011 年

第2期。

[96] 中央政府门户网站 www. gov. cn,国务院关于印发节能减排综合性工作方案的通知,2007年6月3日。

[97] 国家统计局网站:http://www. stats. gov. cn

[98] 中国海关总署网站:http://www. customs. gov. cn

[99] 中国人民银行网站:http://www. pbc. gov. cn

[100] 国际货币基金组织网站:http://www. imf. org

[101] 世界银行网站:http://www. worldbank. org. cn

[102] 俄罗斯联邦国家统计局网站:http://www. gks. ru

[103] 印度国家统计局网站:http://mospi. nic. in

[104] 巴西国家统计局网站:http://www. ibge. gov. br/english

外文部分

[1] Alfred Greiner and Willi Semmler, *Externalities of Investment Education and Economic Growth* [J], Economic Modelling, 19 (2002), pp. 709 – 724.

[2] Joshua C. Hall, *Positive Externalities and Government Involvement in Education* [J], Journal of Private Enterprise, Volume XXI, (Nov., 2006), pp. 165 – 175.

[3] Tryggvi Thor Herbertsson, *Accounting for Human Capital Externalities with an Application to the Nordic Countries* [J], European Economic Review 47(2003), pp. 553 – 567.

[4] Jess Benhabib and Mark Spiegel, *The Role of Human Capital in Economic Development: Evidence From Aggregate Cross – Country Date* [J], Journal of Monetary Economics, 34, (1994), pp. 143

-173.

[5] Jess Benhabib and Mark Spiegel, *Human Capital and Technology Diffusion*[J], Development Research Institute Working Paper Series, No.3, (May, 2003), pp.1-50.

[6] Lucas, Robert E Jr., *On the Mechanics of Economic Development* [J], Journal of Monetary Economics, Vol. 22 (February, 1988), pp. 3-42.

[7] Romer, P. M., *Endogenous Technological Change* [J], Journal of Political Economy, Vol. 98, No. 5, (Oct., 1990), pp. S71-S102

[8] Romer, P. M., Increasing Returns and long-Run Growth [J], Journal of Political Economy, Vol. 94, No. 5 (Oct., 1986), pp. 1002-1037.

[9] Romer, P. M., *Growth Based on Increasing Returns Due to Specialization* [J], American Economic Review, Vol. 77, (May 1987), No2, pp.56-62.

[10] Solow, Robert. M., *A Contribution to the Theory of Economic Growth* [J]. Quarterly Journal of Economics, Vol.70 (February, 1956), pp.65-94.

[11] Solow, Robert. M., T*echnical Change and the Aggregate Production Function* [J]. The Review of Economics and Statistics, Vol. 39, No. 3, (August, 1957), pp. 312-320.

[12] Barro R J., *Economic Growth in A Cross Section of Countries*[J], Quarterly Journal of Economics, Vol. 106, (May, 1991), pp. 407-443.

[13] Barro R J., *Technological Diffusion*, *Convergence and*

Growth [J], Journal of Economic Growth, Vol. 2, (1997), pp. 1 – 27.

[14] N Gregory Mankiw, David Romer, and David N. Weil , *A Contribution to the Empirics of Economic Growth* [J], Quarterly Journal of Economics, Vol. 107,No. 2,(May,1992), pp. 407 – 437.

[15] Ilaski Bara? ano, *On human capital externalities and aggregate fluctuations* [J], Journal of Economics and Business (2001), pp. 459 – 472.

[16] Heckman, James J. , *China's Investment in Human Capital* [J], Economic Development and Cultural Change, 51,4, ABI/INFORM Global, (Jul, 2003), pp. 795 – 804.

[17] Heckman, James J. , *China's Human Capital Investment* [J], China Economic Review, (2005), pp. 50 – 70.

[18] Jones, Charles I. , *R&D – Based Models of Economic Growth* [J], Journal of Political Economy 103, (August, 1995), pp. 759 – 784.

[19] MARIA JESUS FREIRE – SERIN, *Human Capital Accumulation in Modern Economic Growth* [J], INVESTIGACIONES ECONI MICAS, vol. XXV(3), 2001, pp. 585 – 602.

[20] Richard R. Nelson and Edmund S. Phelps 1966, *Investment in Humans, Technological Diffusion, and Economic Growth, American Economic Review* [J], Vol. 61, pp. 69 – 75.

[21] Alan. Heston, Robert. Summers and Bettina. Aten, (September 2006), "*Penn World Table Version* 6. 2", Center for International Comparisons at the university of Pennsylvania(CICUP).

[22] Kyriacou, G. , *Level and growth effects of human capital: a*

cross – country study of the convergence hypothesis[W], C. V. Starr Center working paper, (1991), pp. 1 – 26.

[23] Huang, Y. S., and Khanna, T., *Can India Overtake China?* [J], Foreign Policy, (July – August, 2003), pp. 74 – 81.

[24] Panagavia, A., *India in the* 1980*s and* 1990*s*: *A Triumph of Reforms* [J], (March, 2004), Working Paper, pp. 1 – 37.

[25] Panagavia, A., *The Triumph of India's Market Reforms*: *The Record of the* 1980*s and* 1990*s* [J], Policy Analysis, (November, 2005), pp. 1 – 24.

[26] Young, Alwyn, *Lessons from the East Asian NICs*: *A Contrarian Views* [J], European Economic Review 38, (1994), pp. 964 – 973.

[27] Young, Alwyn, *A Tale of two Cities*: *Factor Accumulation and Technological Change in Hong Kong and Singapore* [J], National Bureau of Economic Research Macroeconomics Annual 1992, pp. 13 – 63.

[28] Young, Alwyn, *The Tranny of Numbers*: *Confronting the Statistical Realities of the East Asian Growth Experience* [J], Quarterly Journal of Economics. 110: (1995), pp. 641 – 680.

[29] Young, Alwyn, *Gold into Base Metals*: *Productivity Growth in the People's Republic of China during the Reform Period* [J], Journal of Political Economy 111, (2003), pp. 1220 – 1261.

[30] Kim, Jong – Ⅱ, and Lau, Lawrence. J, *The Sources of Economic Growth of the East Asian Newly Industrialized Countries*[J], Journal of Japanese and International Economics 8(3) (1994), pp. 235 – 271.

[31] Paul Krugman, *Myth of Asia's miracle*[J],Foreign Affairs, (November, 1994), pp. 62 – 79.

[32] Leibenstein. H., *Allovative. Efficiency vs "X – efficiency"* [J], Am. Econ. Rev. 56, (1966), pp. 392 – 415.

[33] World Bank (1993), *The East Asian miracle*[M], New York Oxford University Press (A World Bank policy research report.)

[34] Riedel, James., *The Tyranny of Numbers or the Tyranny of Methodology: Explaining the East Asia Growth Experience*[J], Annals of Economics and Finance (2007),pp. 385 – 396.

[35] Shigeru. Iwata, Mohsin S. Khan and Hiroshi Murao, *Sources of Economic Growth in East Asia: A Nonparametric Assessment* [J], IMF working paper, Vol. 50, No. 2, (January 2002), pp. 157 – 177.

[36] Yanrui Wu, *Is China's Economic Growth Sustainable? A productivity analysis* [J], China Economic Review, (November 2000), pp. 278 – 296.

[37] Aigner, D. J. and Chu. S. F., *On Estimating the Industry Production Function*[J]. American Economic Review, 1968, Vol. 13, pp. 568 – 598.

[38] Aigner, D. J. Lovell, C. A. K. and Schmidt. P., *Formulation and Estimation of Stochastic Frontier Production Function Models*[J]. Journal of Econometrics, 1977, Vol. 6, pp. 21 – 37.

[39] Meeusen, W and Broeck J. van. den., *Efficiency estimation from cobb – douglas production functions with composed error*[J], International economic Review, 1977, Vol. 18, pp. 435 – 444.

[40] Battese, G. E., and Corra, G. S., *Estimation of a produc-*

tion frontier model: with application to the pastoral zone of eastern australia[J], Australian Journal of Agricultral Economics, 1977, Vol. 21, pp. 169–179.

[41] Coelli T., A Guide to Frontier Version 4.1 *A Computer Program for stochastic Frontier Production and Cost Function Estimation*[W], CEPA Working Papers, 1996, pp. 1–33.

[42] Coelli T., A Guide to DEAP Version 2.1: *A Data Envelopment Analysis (Computer) Program* [W], CEPA Working Papers, 1996, pp. 1–50

[43] Sachs, Jeffrey D and Woo, Wing Thye., *Understanding China's Economic Performance*[W]. NBER Working Papers Series, Working Paper5935, 1997.

[44] Charnes, A., Cooper, W. W and Rhodes. E., "*Measuring the Efficiency of Decision Making Units*[J], European Journal of Operations Resarch, 1978, pp. 429–444.

[45] Jefferson, G. ary. H., Rawski, Thomas. G., Wang Li., and Zheng Yuxin., *Ownership Productivity Change and Financial Performance in Chinese Industry* [J], Journal of Comparative Economics, Vol. 28, (2000), pp. 786–813.

[46] Grossman G., Kreuger A., *Economic Growth and the Environment* [J], Quarterly Journal of Economic., 1995, 110 (2), pp. 353–337.

[47] Grossman G., Krueger A., *Environmental Impacts of A North American Free Trade Agreement* [M], Princeton, NT: Woodrow Wils on School, 1992.

[48] Fare, R., Grosskopf, S., Norris, M., &Zhang, Z., *Produc-*

tivity growth, technical progress, and efficiency change in industrialized countries [J], American Economic Review ,1994, pp. 66 – 83.

[49] Farrell MJ . (1957) , *The measurement of production efficiency. Journal of Royal Statistical Society*[J] , Series A , General , 120 (3) pp. 253 – 281.

后　记

中国和印度经济发展方式比较研究一直是学者们研究的热点问题，并且相关研究成果也较多，但是全面研究中国和印度经济发展方式的文献资料却比较罕见。本书通过运用一定计量方法，对中国和印度经济发展方式进行比较研究。本书是在我的博士论文《中国、印度、俄罗斯和巴西经济增长方式比较研究》的基础上经过改编整理后形成的。写博士论文是一件非常累人的工作，从修改博士论文到本书的出版更要花费大量的心血，在此书正式出版之际，特此向曾经关心、帮助、支持和鼓励我的老师、同学、亲人和朋友致以最真诚的谢意。

首先，我要感谢我的恩师张荐华教授，才疏学浅的我竟然能够有幸投到到先生门下，聆听先生谆谆教诲。张老师知识渊博，并且治学非常严谨，这点我深有体会，从张老师给我指导第一篇学术论文开始，一直到博士毕业论文的完成，张老师都对我进行耐心的指导，并且给我提出了很多富有启发性的意见。可以说，学生的每一步前进都是张老师心血和汗水的凝结。博士毕业论文从选题、建模、实证分析到最后成文，张老师都进行了耐心而又富有启发性的指导，在论文指导过程中张老师提出的一些看法，甚至影响到我的整个学术生涯。从博士论文到本书的整理和修改过程中张老师也给出了一些合理性建议,因此,没有张老师的指导和帮助,本书就难以顺利成稿并且出版。张老师不仅在学习上关心我,在生活上更是对我无微不致地照顾,经常对我问寒问暖,使我深受感动。我从张老师身上学到最多的不仅仅在做学问方面,更在于他的做人方面,这点使我终生受益。在此,谨向张老师表示最诚挚的谢意!我还要感谢我的师母刘老师,刘老师贤惠通达,善解人意,是我生活中的导师,她给我无微不至的关怀和帮助。在此祝张老师和刘老师身体健康,万事如意。

其次,我要感谢云南大学经济学院的施本植教授、徐光远教授、郭树华教授、罗美娟教授、张林教授,云南大学发展研究院的曹和平教授、吕昭河教授和杨先明教授,云南财经大学的汪戎教授和张伟教授,昆明理工大学管理学院的段万春教授,云南师范大学的骆华松教授、武友德教授以及常志有教授,他(她)们对我的启发很大,使我在撰写以及修改博士论文过程中受益匪浅。

再次,我要感谢我的硕士生导师杨林教授,没有杨老师的鼓励,我没有攻读博士学位的勇气和信心,在我撰写博士论文的过程中,杨老师还经常关心我的进度。

我还要感谢我的同学谢宵亭、李鲜、马子红、胡洪斌、付庆华、陈涛、张天龙、陈铁军、胡峰、黄河、赵金蕊、吴松谚、李隽、王旭、齐美虎、李德炎、杨俊生和屈燕林等,还有我的室友谢波,我们一起度过了难忘的岁月,缔结了永恒而又真挚的友谊。与他们的讨论使我获益甚多,与他们结成的友谊是我拥有的宝贵的精神财富。

最后,我要感谢含辛茹苦养育我的母亲和已经因患癌症去世的父亲,还有我的爱人、妹妹及妹夫。正是他(她)们在生活和精神上的鼓励与支持,才使我能够顺利完成学业。

另外，在写作过程中，我参阅和引用了一些学者的有关观点，对于引用的部分已经一一注明，如果有所遗漏，在此一并致歉。

薛勇军

2011 年 12 月于云南师范大学

责任编辑:李惠 pphlh@126.com
封面设计:肖 辉
责任校对:史 伟

图书在版编目(CIP)数据

中印经济发展方式比较/薛勇军 著. -北京:人民出版社,2012.10
(青年学术丛书)
ISBN 978-7-01-011209-1

Ⅰ.①中… Ⅱ.①薛… Ⅲ.①中国经济-经济发展-发展方式-对比研究-印度 Ⅳ.①F124②F135.14

中国版本图书馆 CIP 数据核字(2012)第 216538 号

中印经济发展方式比较
ZHONGYIN JINGJI FAZHAN FANGSHI BIJIAO

薛勇军 著

人民出版社 出版发行
(100706 北京市东城区隆福寺街 99 号)

北京瑞古冠中印刷厂印刷 新华书店经销

2012 年 10 月第 1 版 2012 年 10 月北京第 1 次印刷
开本:710 毫米×1000 毫米 1/16 印张:15.75
字数:188 千字 印数:0,001-2,000 册

ISBN 978-7-01-011209-1 定价:38.00 元

邮购地址 100706 北京市东城区隆福寺街 99 号
人民东方图书销售中心 电话 (010)65250042 65289539